ライブラリ 経営学コア・テキスト=別巻1

コア・テキスト
経営統計学

高橋　伸夫

新世社

編者のことば

　経営学は常識の学問である。経営学はいまや現代人にとっての基本的なリテラシーの一部である。最新ニュースのほとんどに企業や組織がからみ，この世のほとんどすべての問題は，経営の問題として読み解くことができる。経営学はまさに現代社会の常識なのである。

　経営学は常識の学問である。経営学は科学であり，個々の理論やモデルが正しいかどうかはデータと事実が決める。しかもその検証作業は，一部の研究者たちだけの占有ではない。広く一般の人々も日々の実践の中で検証を繰り返し，その結果生き残った経営理論だけが，常識として広く世の中に定着していく。

　経営学は常識の学問である。経営学は常識にもかかわらず，学問としての体系をもっている。そこが普通の常識とは異なる。体系的に学び，体得することができる。実際，現代ほど学問として体系的な経営学の教科書が渇望されている時代はない。高校生から定年退職者に至るまで，実に多くの人から「経営学の良い教科書はどれか」と質問される。

　それでは，良い教科書の条件とは何か。第一に，本当に教科書であること。予備知識のない普通の人が，順を追って読み進めば，体系的に理解可能な本であること。第二に，学問的に確からしいことだけが書かれていること。もちろん学問には進歩があり，それまで正しいとされていたものが否定されたり，新しい理論が登場したりすることはある。しかし，ただ目新しくて流行っているというだけで根拠もなく取り上げるビジネス書とは一線を画する。そして第三に，読者がさらに学習を進めるための「次」を展望できること。すなわち，単体として良い本であるだけではなく，次の一冊が体系的に紹介され，あるいは用意されていることが望ましい。

　そのために，このライブラリ「経営学コア・テキスト」が企画された。経営学の「核となる知」を正しく容易に理解できるような「良い教科書」群を体系的に集大成する試み。そのチャレンジに，いま21世紀を担う新世代の経営学者たちが集う。

高橋　伸夫

はじめに

　本書は，経営分野で，Excel でも使える実用的な統計ツールをコンパクトに詰め合わせた便利なテキストである。一般の統計学の教科書が，なぜかほとんど取り上げない実用的なツールも含めて，その使い方を平易に解説している。卒業論文を書く必要に迫られた大学生が自習しても理解できるように，たとえば，序章のように，統計学の考え方（数式ではない）のエッセンスも「読んで」理解できるように工夫している。

　もちろん頑なに，統計ツールを避けて一生を過ごすことは可能である。しかしそれでは大損。ごく簡便な統計ツールを使うだけで，意思決定が変わる。人生が変わる。

　それは，私が大学を卒業して，大学院生になりたての夏休みのことだった。知り合いの A さんから「大学院生なんだから」と B 社の簡単なデータを手渡され，アルバイトをしてみないかと誘われた。そのデータとは……1 枚紙にプリントアウトされた B 社が持つ 5 つの工場の過去 5 年分の工場ごとの製造コストと単位当たり製造コストのデータだった。たったそれだけだったが，見ると，そのデータは，この 5 年間，各工場の単位当たり製造コストが急上昇していることを示していた。そこで，工場の生産性向上のため，翌週，B 社の担当者に会うので，それに同行の上，何かコメントしてくれというのである。

　正直，唖然，呆然である。手元にあるのは 5 工場×5 年分の 25 個の製造コストの数字と 25 個の単位当たり製造コストの数字だけなのである。B 社がどんな会社なのかもよく知らないし，もちろんその工場など見に行ったこともない。困った。全くのノー・アイデア。当時（1980 年）はインターネット検索もなく，ボーッと数字を見ていてもらちが明かないので，私はとりあえずグラフ用紙に横軸に製造コスト，縦軸に単位当たり製

i

造コストの2軸を定規で引いて，グラフを描き始めた．今だったらパソコンにExcelで簡単にグラフが描けるのだが，当時は，まだパソコンすら存在しない時代だ．グラフ用紙に1点1点手書きで書き込んでいくしかない．そうやって1点1点プロットしていくと，次第に図1のような意外ときれいなグラフが姿を現してきた（守秘義務もあるし，ここではイメージが湧くように仮想の数字を使ってExcelで描いてみた）．

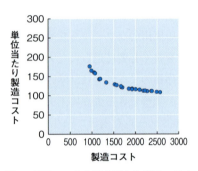

図1　製造コストと単位当たり製造コスト

　おや？　これは何か単純なコスト構造がありそうだ．いかに不勉強な私でも，一応は商学部卒なので，コスト構造でピンと来た．そうか，固定費と変動費だ！　早速，電卓で製造コストを単位当たり製造コストで割って生産量を求める．そして，今度は横軸に生産量，縦軸に製造コストをとってグラフを描いてみた．それが図2だった．今度はきれいにほぼ直線上に並んでいる．

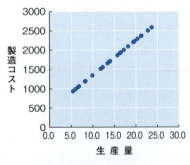

図2　生産量と製造コスト

この図2に，エイヤッとばかりに近似線を書き込んでみたら，図3のようになった。念のため，電卓片手に「回帰直線」（本書第8章）を求めてみると，生産量の増減にかかわらず一定で生産量が0でも発生する固定費は457，単位当たり変動費は89という計算結果になった。（とはいえ，1単位が何を指すのか，金額が「千円」表示なのか「万円」表示なのか，はたまた「百万円」表示なのか，何も知らされていなかった。とにかく手元にあるのは数字だけ。今考えてもひどい話である。）

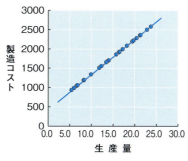

図3　近似線を引いてみる

　翌週，私は請われるままにB社での打ち合わせに同席していた。B社の担当者を前に，Aさんはいつもの調子で，上から目線で饒舌に，今回の件に直接関係ない産業動向の話だとか，生産性向上のために（今でいう）IT化が必要だとか，カタカナ横文字のオンパレードでまくしたてている。こんな調子だから，B社はAさんを期待も信頼もできず，データを出し惜しんだのだろうな……などと，ぼんやり考えていると，いきなりAさんが「ということで」と，私に話を振ってきた。「どういうことで？」とツッコミを入れたくなるような無茶振りである。

　当時はもちろんパワーポイントも何もないので，私はコピーしておいたグラフ2枚（図1と図3）を配って，

　「いただいたデータがこれしかないので，あくまでも推測なのですが。」と前置きして，Aさんの威勢のいい口調とは対照的に，淡々と話し始めた。
　「おそらく，御社B社の5工場はほぼ同規模で同様の設備をもっているのではないかと推察されます。そのため，固定費も単位当たり変動

費も 5 工場ともほぼ同じで，製造コストはこの図（図 3）のようにきれいな直線のグラフになるのでしょう。計算すると，固定費は 457，単位当たり変動費は 89 といったところでしょうか。単位当たり製造コストが急激に変化しているこの 5 年間でみても，ほぼこの図（図 3）の直線上に乗っていますので，各工場の単位当たり製造コストが急上昇したのは，ほぼ間違いなく操業度の低下（生産量の減少）が原因だと思われます。もし単位当たり製造コストを下げたいのであれば，B 社全体の生産量を増やすか，あるいは工場をいくつか閉鎖して残った工場に生産を集めて操業度を上げるか……。」

最初よそよそしい感じだった B 社の担当者の顔色がみるみる変わり，

「そう。実は，5 工場は地理的に分散配置した小規模工場で，同規模，同設備なんですよ。」

と割り込んでくると，あわてて自分の机に行き，分厚い資料ファイルを手にして戻って来た。

「そうだよね。上（上司）は，すぐに設備の老朽化のせいだとか社員の士気低下のせいだとか言うんだけど，何か変だなとは思っていたんだ。」

と独り言を言いながら，その分厚い資料ファイルの数字をわれわれにも惜しげもなく見せ，かなり詳細な状況説明を始めた。

その担当者は固定費や変動費を知らなかったわけではない。知っていたからこそ，私のグラフをすぐに理解できたのである。欠けていたのは，ごく簡単なグラフを描いたり，近似線を引いたり。本当に簡単な「分析」が欠けていたのである。どちらも統計学では当たり前のこと。それをしなかった（知らなかった）だけなのである。

とはいえ，大学の統計学の授業は難しい数学，確率の話ばかりで，グラフを描いたり，近似線を引いたりという教育が全くおろそかになっている。はっきり言ってしまおう。今，多くの大学で教えられている統計学は，残念ながら，難しいだけで，全く実用的ではないのだ。

実際，その 1 年後，私は企業対象のアンケート調査を行ったが，何をどう分析すればいいのか皆目見当がつかず，当時，超難解な数理統計学の英

語のテキストを読むセミナーでお世話になっていた統計学の先生の研究室に駆け込んだ。

　「そうですか。それでは基本的なところで，こんな本でも読んでみたらどうですか。」

と3冊ほど見覚えのある統計学のテキストがテーブルの上に並べられた。いずれも読んだことのあるテキストばかりではないか。これでは何の役にも立たないのだ。

　困り果てた私は，当時，大型コンピュータ（いわゆるメインフレーム）のソフト開発や調査の統計処理で立派に生活費を稼ぎ出していた友人数人に頼み込んで，コンピュータの統計パッケージSPSSやSASの使い方の手ほどきを受けたり，統計パッケージのマニュアルを手当り次第に読みあさったりした。こうして初めて，私はクロス表の検定（本書第5章）やクロス表の相関係数（本書第7章）を知ったのである。それは，調査屋さんの世界では常識のような統計ツールなのに，普通の統計学の教科書では見たこともなかった。同様に，平均値の差の検定（本書第4章）にも随分とお世話になったが，これも統計学の教科書では，載ってはいても扱いが小さいこと小さいこと。こうして，使える統計ツールを集める私の旅が始まった。

　その成果として，私が東京大学教養学部の統計学教室に所属していた時期に，『経営統計入門——SASによる組織分析』（東京大学出版会，1992）という統計学のテキストを出版したが，その直後に経済学部に移ってしまったので，結局，統計学教育を変える力にはなれなかった。しかし，統計学の大教室講義こそしなくなったが，経済学部では，自分のゼミで卒業論文を書く学生を相手に，あるいは経営特修コースの修士論文を書く学生を相手に，少人数向けの実用的な統計学短期集中講座を続けてきた。その間，講義ノートの内容は，短期講座用に，より実用的なものを厳選し，随分とスリムになった。その講義ノートが，本書の元になっている。

　ただし前著に対する反省点もある。前著は副題が示すように，統計パッケージSASを使うことを念頭に編まれた当時最先端のテキストのはずだった。しかしその後，学生の卒論指導をしていて，SASやSPSSのよ

うなお任せでも勝手に結果を出してくれるような高機能の統計パッケージを使っていては，いつまでたってもデータを扱う感覚が身に付かないことに気が付いた。それだったら，Excel を使って，データの作成や図表の作成を一つひとつ自分で確認しながらやった方が，実用的な統計ツールがはるかに身に付く。欲を言えば，古風に「正」の字を書いてカウントして表を作成したり，冒頭の例のようにグラフ用紙に手書きで点をプロットしてグラフを作成したりという作業を何度かやってみた方がいい（実際，私の短期集中講座では受講生にやらせている）。

そんな反省から，本書では Excel の関数の案内に留めることにした。それだけでも Excel で簡単に統計ツールを使えるようになるが，たとえ紙と鉛筆しかなくても，データを表にして，グラフにして，視覚に訴えるべきである。そのための統計ツールなのだから。その一手間を加えるだけで，皆が話に耳を傾けてくれるようになる。かつての B 社の担当者がそうだったように。

2015 年 3 月

高橋　伸夫

目　次

序　章　統計的に有意　　1

0.1　クリスマスの「奇跡」　　1
0.2　仮説を立てて有意確率を計算する　　4

第1章　母集団と標本　　9

1.1　母集団は定義するもの　　9
1.2　全数調査と標本調査　　11
1.3　統計的推測の大前提　　12
　●演習問題　15
　付録1-1　調査方法の種類　16
　付録1-2　量的データと質的データ　18

第2章　度 数 分 布　　23

2.1　『会社の寿命』　　23
2.2　度数だけでも分析できる　　28
2.3　カテゴリーとしての階級の作り方　　35
　●演習問題　41
　付録2-1　ランク入りしている平均年数の計算　42

第3章　平均と分散　　43

3.1　（算術）平均 ──────────────────────── 43
3.2　加重平均 ──────────────────────── 46
3.3　度数分布表から求める全体の平均 ──────────── 49
3.4　分　散 ──────────────────────── 52
3.5　正規分布と標準得点 ───────────────── 53
　●演習問題　　57
　付録3-1　幾何平均　　58
　付録3-2　Σ記号の用法　　60
　付録3-3　変動係数　　62

第4章　平均値の差の検定　　63

4.1　2群の平均値の差の検定：t検定 ─────────── 63
4.2　分散比の検定 ───────────────────── 67
4.3　2群の平均値の差の検定の手順 ─────────── 68
4.4　k群の平均値の差の検定：分散分析 ─────────── 72
4.5　t検定と分散分析の関係 ──────────────── 75
　●演習問題　　76

第5章　クロス表の検定　　77

5.1　クロス表 ──────────────────────── 77
5.2　2×2クロス表 ───────────────────── 78
5.3　クロス表の検定 ───────────────────── 83
5.4　Excelを使ってクロス表を作る ───────────── 88
　●演習問題　　91
　付録5-1　2×2クロス表の完全相関と無相関　　92
　付録5-2　比率の差のt検定とクロス表のχ^2検定　　96

第6章 相関係数　　99

6.1 散布図 —————————————————————— 99
6.2 相関係数で直線的な相関関係の強さを測る ———— 101
6.3 相関係数行列 ————————————————— 105
　● 演習問題　109
　付録6-1　相関係数の性質の証明　110
　付録6-2　スピアマンの順位相関係数　112

第7章 クロス表の相関係数　　115

7.1 クロス表の「相関係数」には向かない χ^2 ———— 115
7.2 χ^2 から生まれた相関係数 ϕ 係数 ————————— 117
7.3 2×2 クロス表のピアソンの積率相関係数 ———— 119
7.4 様々な相関係数の 2×2 クロス表 ————————— 120
7.5 $s \times t$ クロス表と V 係数 ————————————— 122
　● 演習問題　125
　付録7-1　ケンドールの順位相関係数　126

第8章 回帰分析　　129

8.1 単回帰と相関係数 ———————————————— 129
8.2 2本の回帰直線と相関 —————————————— 131
8.3 回帰直線を求める ———————————————— 134
8.4 決定係数 ———————————————————— 135
8.5 回帰係数・回帰定数の検定 ——————————— 137
8.6 注意!! 相関分析，回帰分析には散布図が必須 —— 138
　● 演習問題　141
　付録8-1　回帰係数の導出　142
　付録8-2　2本の回帰直線の性質の証明　143

第 9 章　より深い分析へ　　145

9.1　エラボレイション ───────────── 145
9.2　3 重クロス表 ───────────────── 148
9.3　ぬるま湯感・活性化と成長性 ─────── 150
9.4　職務満足・退出願望と見通し ─────── 154
　●演習問題　　158

第 10 章　標本誤差と標本サイズ　　159

10.1　絶対精度 ─────────────────── 159
10.2　目標精度と標本サイズ ──────────── 161
10.3　絶対精度と仮説検定の関係 ───────── 163
10.4　大量のクロス表への対処の仕方 ─────── 167
10.5　有意水準の表現方法 ─────────────── 171
　●演習問題　　172

第 11 章　非標本誤差と回収率　　173

11.1　非標本誤差 ───────────────── 173
11.2　回収率で決まってくる非標本誤差 ────── 176
　●演習問題　　184

索　引 ─────────────────────── 185

序　章
統計的に有意

0.1　クリスマスの「奇跡」

　それはまだ私の息子がサンタクロースを信じていた頃，本当にあったお話。

　クリスマス・シーズンも近づいて，例年のように，クリスマス・プレゼントに何が欲しいのかを聞き出す重要な仕事にとりかかる時期になった。それとなく聞いてみたのだが，教えてくれない。しつこく聴き質すと

> 「パパに買って欲しいものは口に出してお願いするけど，サンタさんはもうわかっているはずだから口にしなくても大丈夫なの。だってサンタさんなんだから。」

そりゃそうだ。感心するくらいまともな答なのだが，それでは困ってしまうんだなぁ……。

　そんな困っているある日，息子が『コミックボンボン』（講談社が 1981 年から 2007 年まで発行していた小学生向け月刊漫画雑誌で，「SD ガンダム」「ロックマン」などのブームの火付け役となった）の表紙をニコニコしながら見ていることに気がついた。表紙には SD ガンダムカードの写真が載っている。そしてポロッとこう言った。

> 「このキラカードをお願いしたんだ。クリスマスがきたら，もらえるんだ。」

エーッ！　嘘だろう。こんなものをサンタクロースに頼んだのか！

　SD ガンダムカードとは，いわゆるトレーディングカード（トレカ）の

一種で，当時はオモチャ屋の店頭などに置かれていた小さなカードダス自動販売機で売られていた。この自販機は20円を入れて，自販機の右横についている丸いダイヤルを回すとトレカが1枚出てくるという仕組みのもので，まさに「くじ引き」そのもの。どんなカードが出てくるのかはもちろん偶然任せなので，自販機というより「くじ引き機」とでも呼んだ方がいい。好きなカード欲しさに，何十枚もカードを買ってしまい，それでも出てこないので，友人とカードの交換をしたりするというなかなか厄介な代物なのだ。

　その中でも人気なのが，表面がプリズム加工されてキラキラ光っている通称キラカード（正確には「プリズム・カード」）で，めったに出てこない。なのに息子は，そのキラカードの中でもさらに人気の1枚，『コミックボンボン』の表紙を飾るほどの1枚を指差して，

　　「このキラカードをお願いしたんだ。」

といっているのである。

　　「これは何のカード？」

と聞くと，即座によどみなく

　　「バーサルロードスペリオルナイトガンダム!!」

と叫んだ。エッ？　エッ？　何だって？　バー何とかガンダム？　もっとゆっくりと話してくれないと名前が覚えられないだろうが！　いやいや，覚えたって無理だろう？　こんなものは。

　　「サンタさんも忙しいんだから，もっと手に入りやすいものを頼んだ方がいいんじゃないの？」

　　「パパだったらそうかもしれないけど，サンタさんだから大丈夫なの！」

　　「それにサンタさんに，たった20円のカードを頼むなんて失礼だろう。もっと高いオモチャを頼まないと。」

　　「高いものは，おじいちゃんたちに頼んだら買ってくれるからそれでいいの！　サンタさんには，お金では買えない，本当に手に入りにくいものを頼まないと。」

ことごとく正論で返す言葉もないが，これは困った。

　ちなみに，バーサルロードスペリオルナイトガンダムとは，SDガンダム

外伝聖機兵物語の登場人物で，バーサル騎士GP01が，聖機兵ガンレックスに残留していた黄金神スペリオルドラゴンと融合したものらしい……。

　数日後，私は人影もまばらな開店直後のオモチャ屋の軒下に立っていた。コートのポケットには，さきほど銀行で，とりあえず1万円分を両替してきた10円玉1,000枚が入っている。ポケットが重い。人目を忍んでとはまさにこのことだ。
　10円玉の棒（銀行で両替すると硬貨は棒状にフィルムで包まれた状態で渡される），とりあえず1,000円分，100枚の包装をくずした。覚悟はしてきたものの，これから延々と続くであろう作業を想像すると，気分もやや滅入る。深呼吸をして20円を入れ，ダイヤルを回すと，出てきたカードが光っている。最初からキラカードか。幸先いいな。この調子なら意外と早く終わるかも……と，
　「おおっ！　バーサルロードスペリオルナイトガンダム!!」
思わず声に出してガッツポーズしてしまった。すごい！　これは奇跡か。まさしく，あの表紙を飾っていたキラカード。私はしばし呆然と，そのバーサルロードスペリオルナイトガンダムのカードに見入ってしまった。
　「なんてきれいなカードなんだ！」

　なんともいえない興奮である。しかし，すぐにつまらぬ職業意識が芽生えてきた。当時，私は統計学教室の助教授をしていて，大学で統計学を教えていたのである。統計の専門家としての職業意識（？）が心の中でこう囁いた。
　「実験してみろよ。どうせ1,000円分は包装をくずしちゃったんだろう？
　これで50枚引いてみて，どのくらいの確率なのかを計算してみろよ。
　それが統計学者の仕事なんじゃないのか？」
私は，その囁きに促されるように，黙々と残り49枚のカードを引き続けた。すると，驚いたことに，キラカードはあと1枚しか出てこなかったのだ。つまり最初の1枚と合わせて50枚中たったの2枚しかキラカードがなかったことになる。なんという幸運！　しかも，その自販機にはキラ

カードが 37 種類あると表示されている。ということは……

> ① 50 枚中 2 枚のプリズム・カード
> ② 37 種類のプリズム・カード

という 2 つの条件から，このまさに「くじ引き機」で，バーサルロードスペリオルナイトガンダムを引き当てる確率を計算できる。その確率は，

$$\frac{2}{50} \times \frac{1}{37} = 0.001081$$

つまり，なんとほぼ 1000 分の 1 なのである。すごい！ ひょっとすると，サンタクロースは店員の格好をしていて，昨夜，店を閉める際に，カードダス自動販売機にカードを補充して，最初の 1 枚をバーサルロードスペリオルナイトガンダムにしておいてくれたのかもしれない……と思いたくなるほどの確率だ。

　でも，サンタクロースが店員の格好をしているのはおかしいって？　いやいや，そう思うあなたの方が無知なのだ。実は，サンタクロースが赤い服を着ているというのは，コカ・コーラ社がクリスマス時のコカ・コーラの宣伝にサンタクロースを登場させて，そのときに自社のコーポレート・カラーである赤い色の服を着せたのが最初だと言われているのである（諸説あるが）。これは広告論の世界では有名な話で，サンタクロースが赤い服を着ているなどというのは，CM が作り出したたんなる迷信（？），都市伝説（？？）なのだ。

0.2　仮説を立てて有意確率を計算する

　やっぱり，サンタクロースが店員の格好をしていたのでは？　大人たちは頭からサンタクロースはいないと思い込んでいるけど，本当は子供たちの信じていることの方が正しいのでは？
　もし大人たちが唱える仮説（立証されていない以上，単なる仮説にすぎない）

> 仮説：サンタクロースなんているわけがない。

が正しければ，カードダス自動販売機は純粋な「くじ引き機」であり，まったく無作為に，偶然にカードを出すことになる。すると，さきほども計算したように，このまさに「くじ引き機」で，バーサルロードスペリオルナイトガンダムを引き当てる確率は，簡単にほぼ1000分の1と計算できたのである。

こうして，さきほどの「バーサルロードスペリオルナイトガンダムを引き当てる」確率が計算できるのは，実は，「サンタクロースなんているわけがない」という仮説を暗黙の前提にしていたからだった。言い換えれば，この仮説が正しければ，「バーサルロードスペリオルナイトガンダムを引き当てる」という現象は，わずか確率1000分の1でしか出現しないような稀な現象なのである。

このように，仮説に基づいて計算される確率を，統計学では「有意確率」と呼んでいる。つまり，統計的に意味のある稀な現象なのか，それとも偶然として片づけて構わない程度のよくある現象なのかは，この有意確率を計算して判断しようというのである。

実は，統計学の世界では，おおむね有意確率が5％つまり20分の1を切ると「統計的に有意」と言われることが多い。つまり，有意確率が小さいほど，偶然ではありえない現象が起きていることになり，偶然では片づけられない「統計的に有意」なこと，統計的に意味のあることとされるのである。このとき，確率を計算する前提に使っていた「仮説」は間違っていたと判断され，「棄却」される。これが統計学で「検定」と呼ばれる作業なのである。

さて，「バーサルロードスペリオルナイトガンダムを引き当てる」有意確率は1000分の1だった。統計学でよく使われる5％のさらに50分の1の確率だったのだ。さて，あなたは，それでも「サンタクロースなんているわけがない」と言い切りますか？ この有意確率だと，統計学では，仮説検定の結果，「サンタクロースなんているわけがない」という仮説は棄却されるのです。

もっとも，統計学の教科書には，さすがにこんなに夢のある仮説は出てこない。せいぜい

> 仮説：5枚に1枚はプリズム・カードである。

程度の仮説である。実際，日常生活でも遭遇しそうだ。

　たとえば「5枚に1枚はプリズム・カードだよ！」という宣伝ステッカーがカードダス自販機の前面にベタッと貼ってあったとしよう。それを見たあなたは，「あっ，そうなんだ。結構確率高いな」と単純に思って（このとき「5枚に1枚はプリズム・カードである」が仮説となる），キラカード欲しさにその自販機でカードを買い始めた。最初のカードはキラカードではなかった。ちょっとはがっかりするが，その確率は5分の4，つまり80%もあるので，偶然として片づけられる。すなわち「統計的に有意ではない」のだ。

　ところが，15枚も買い続けて，1枚もキラカードが出てこなかったとなると，話は違ってくる。その確率は0.8^{15}つまり3.5%しかない。こうなると偶然ではすまされない。「統計的に有意」であり，仮説は棄却される。つまり，ステッカーの「5枚に1枚はプリズム・カードだよ！」はきっと嘘で，キラカードはもっと少ないはずだということになる。

　それでも我慢して買い続け，20枚買っても1枚も出てこない（確率は1%）。30枚買っても1枚も出てこない（確率は0.1%つまり1000分の1）。こんなのありえない！　もちろん「統計的に有意」！　仮説は棄却だ！　ステッカーに偽りありだ！　子供相手だと思って，人をばかにするのもいい加減にしろ！　あなたは証拠となるカード30枚（これは第1章で「標本」と呼ばれるものに相当する）を手に，店員の所へクレームをつけに……。

■ サンタクロースよ永遠に

　実は，サンタクロースのお話には後日談がある。翌年，私は，もうこんな幸運な偶然（なにしろ確率1000分の1！）には頼っていられないと観念し，息子に，サンタクロースはパパの演出だったと事実を打ち明け，そ

の上で，今年のクリスマスに何がほしいのかをたずねた。すると，ちょっと前に出たゲーム・ソフトが欲しいという。最新の製品ではないので，オモチャ屋では見つからないともいう。

「やれやれ，こんなのばっかりだな。」

とため息をつきつつ，私はそれから，暇を見つけては……というか，オモチャ屋をみつけては飛び込み，そのゲーム・ソフトを探したのだが，本当にない。結局，クリスマス・イブの日が来てしまい，私は息子を連れて，一日かけて一緒に街のオモチャ屋を回ることにした。あきらめさせて，別のオモチャをクリスマス・プレゼントとして買ってやろうと思ったのである。

一軒一軒回ってはないことを確認し，その間，「他のもっと高いオモチャでもいいんだぞ」と息子を誘惑し続けたものの，どうしても欲しいらしくてあきらめない。そして，とうとう家の近所のゲーム・ショップまで来てしまった。あたりは既にもう暗くなっている。店員に在庫を確認してもらうと，やはりないという。

「注文されますか？　今からだと，入荷するのはだいたい1ヵ月後，来年1月下旬になりますが……。」

そう店員から言われて，クリスマス・プレゼントには間に合わないなぁと思ったが，息子に確認すると，それでもいいという。よほど欲しいのだろう。私は注文書を書いて，息子とともに疲れ果てて帰宅した。すると落ち着く間もなく，電話がかかってきた。

「ゲーム・ショップ○○ですが，さきほどご注文いただいたゲーム・ソフトが入荷いたしました。」

「えぇー!?　本当ですか？　本当に入荷したんですか？　お宅，何時までやってましたっけ？　えっ7時？　じゃあこれからすぐに行きます。必ず今日中に受け取りに行きます。だから，私が行くまで待っていてください。」

そういうと，私は電話を切って，あわてて家を飛び出した。閉店間際に店に飛び込むと，一人残っていた店員がすぐにゲーム・ソフトを出してきてくれた。手にとっても，まだ半信半疑である。私は

「いつ入荷したんですか？　ほんの1時間前にはなかったのに○×△□※。」

というようなことを興奮して口走ったが（かなり支離滅裂なことを話したような気がする），店員はいたって冷静で，それには反応せず，ちょっと微笑みながら，クリスマス用のラッピングをしてくれた。こうして，結局その年も，クリスマスの朝には，息子の枕元には，ちゃんとサンタからのプレゼントが置かれることになったのだった。

　それから1ヵ月後の翌年1月下旬の週末。たまたま家にいた私が，かかってきた電話に出ると，そのゲーム・ショップからの電話だった。

「ゲーム・ショップ○○ですが，昨年12月24日にご注文いただいたゲーム・ソフトが入荷いたしました。」

第1章
母集団と標本

1.1 母集団は定義するもの

A百貨店で実際にあったお話。

> A百貨店のマーケティングの担当者は調査会社に「渋谷店の入口調査」を依頼しました。すると意外な結果が出てきました。
> 「うちの渋谷店って，こんなに若い女の子が来店していたっけ？　えっ！若い男の子もこんなに来てるの？　さすが渋谷……でも何しに？　みんなトイレでも借りに来ているとか？　えっ？　これって本当にウチのデータ？」
> 調査員が間違っていたわけではありません。原因は「渋谷店の入口」としか指示していなかったことでした。百貨店側の担当者は，当然，「渋谷店の入口」の所で入出店者を調べてくれるものだと思っていました。確かに，調査員は指示通りに「渋谷店の入口」の所に立っていました。しかし，歩道側を向いて，入口前を通り過ぎる通行人の調査をしていたのです。

笑い話のような失敗談であるが，この場合，データがおかしいと気が付いたマーケティングの担当者はさすがだというべきだろう。

このように，現実に調査を行う場合には，調査データがきちんと調査したものかどうか，「統計屋」の常識が常に試されている。何も知らない対象を調べることはそもそも不可能なのである。調査にできることは，それ

までにわかっていたことの精度を上げることにしかすぎない。

さらに，このA百貨店のお話から，調査対象は，どうやって調べるかで決まってしまう主体的に定めるべきものだということもわかる。調査するのであれば，何を対象にして調べるのかを事前に明確に定めておく必要がある。そのための事前調査も必要になるかもしれない。

統計学のテキストでは，データはまるで「所与のもの（与えられたもの）」「事前に用意されたもの」として扱われ，登場する。教材なので，それはある程度仕方のないことではある。しかし，現実に経営分野で扱うデータは，自分たちで集めてきたデータ，あるいは，自分たちで集めてきてデータとしてまとめたものである。データを集めるとき，まずは，何を調べたいのか，調査対象を明確に定義しなくてはならない。

社会科学分野での調査においては，たとえば，個人，世帯，職場，会社などが調査の単位となる。そして，調査の対象となりうるすべての単位を集めたもののことを母集団（population）と呼ぶ。母集団とは，調査対象の集まりであって，調査によって，それについて何らかの結論を下そうとしているものである。

調査の対象となる単位のことは要素（element）とも呼ばれる。そういう言い方をすれば，母集団とはまさに集合であり，特定の要素をその中に含ませるかどうかについての明確な規則（ルール）がなくてはならない。このルールには，最低限，調査単位そのもの，時間，場所などに関する記述が含まれている。

しかしそれだけではなく，A百貨店のお話のように，どうやって調べるかでも調査対象が決まってくるので，精確には，その記述も必要になる。つまり，母集団は，一見してゴロっとまとまった「集団」としてどこかに存在しているのではなく，調査者が具体的かつ明確に定義し，設定すべきものなのである。それは対象者リストのようなものが，事前に与えられている場合ですら，実はそうなのである。

1.2 全数調査と標本調査

調査研究プロセスはまず観測（observation）から始まる。これは自然科学でも社会科学でも同じで，自然科学の分野では，それは一般に実験（experiment）と呼ばれ，それに関する統計理論としては「実験計画法」がある。他方，社会科学の分野では，それは調査（survey）と呼ばれ，その統計理論は「社会調査法」である。

もっとも，一口に調査といっても，これにはさまざまな種類があり，調査対象である母集団の大きさや母集団の数によって異なった種類の調査が行われる。まず，基本的な選択として，次の2つの調査方法のどちらかが選択される。

① **全数調査**（census）：母集団を構成するすべての要素を調べる調査。
② **標本調査**（sampling survey）：母集団から適当な部分，すなわち**標本**（sample）を抽出して調べる調査。その標本について得られた知識に基づいて，母集団に関する推論を行う。

全数調査と標本調査のどちらを選択すべきかは，母集団の大きさ，調査に必要な労力，コストによって決まる。

たとえば，全数調査の代表例としては，国勢調査（人口センサス census）がある。国勢調査は，決められた年の10月1日現在の日本の全人口を対象にして行われる全数調査であって，1920年（大正9年）以後5年ごとに定期的に行われている。（ただし，戦争の影響のために，1945年（昭和20年）の調査は実施されず，1947年（昭和22年）に臨時調査が実施された。）

国勢調査に従事する調査員は1人で約50世帯からなる「国勢調査調査区」を受け持つことになっている。1990年の国勢調査では，約400億円もの国費がかかり，75万人の調査員を投入し，すべての集計を終えて発表するまでに約4年を要し，集められた調査票は積み重ねると富士山の2倍以上の高さになるといわれた。2005年の国勢調査の調査費用はさらに

増えて，約 650 億円ともいわれる。

　このように，一般に，国勢調査に代表される日本全国を対象とする全数調査は，巨額の費用と大量の人員と長い時間を要する。したがって，国勢調査以外には，事業所統計調査，農林業センサス，工業統計，商業統計など，全数調査の数は限られている。実際に，われわれが「日本の○○についての調査」としてよく耳にするものは，そのほとんどが標本調査である。標本調査については，後でより詳しく説明する。（その他の調査方法の種類については章末の付録 1-1 を参照してほしい。）

　もっとも，このように調査といえば従来はほとんど標本調査を意味していたのであるが，近年の著しいコンピュータ・テクノロジーの進歩は，1 つの企業の従業員を調べる程度では，全数調査を十分可能にしてしまった。パーソナル・コンピュータですら，数千人規模の調査をほとんど問題なく集計，分析できる。特に経営分野においては，標本調査が死語になる日が遠からずやってくるだろう。

　いずれにせよ，調査結果や分析結果を正しく理解するためには，その調査がどのようにして行なわれたどんな種類の調査であるかを知らなくてはならない。ややもすると，調査結果の統計数字だけが一人歩きしがちであるが，統計数字は調査方法と常にペアで評価されるべきものなのである。

1.3　統計的推測の大前提

　調査の結果は，原データ，もしくは単にデータと呼ばれ，統計的記述の素材となる。データとは，標本調査ならば標本，全数調査ならば母集団に属する各要素に関する観測値のまとまりを指している。調査によって得られた原データに対して統計処理を施したものが統計資料である（図 1.1）。これは，よく調査結果とも呼ばれる。

　このとき，与えられた原データを調べ，その規則性から統計的法則を発見する記述統計学（descriptive statistics）が活躍することになる。つまり，図表によってデータを整理し，平均，分散などの特性値によってデータを

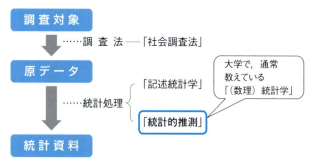

図1.1 社会科学における統計学の役割

要約するというように，データを整理・要約して，母集団や標本の集団としての特徴を記述するのである。

ただし，データを数値的に要約する場合には，データが測定された尺度も問題になる。データの演算可能性については，データ処理を始める前に，必ず考えておく必要がある（詳しくは付録1-2参照）。

ところで，全数調査のように，母集団を構成するすべての要素を調べる調査の場合には，記述統計学だけで十分であり，それによって得られる結果に，それ以上なにも付け加えるべきことはない。

ところが，より頻繁に行われる標本調査では，母集団から適当な標本を抽出して，その標本について得られた知識にもとづいて，母集団についての推論を行う。このように，母集団全体ではなくて，その一部の標本を観察して，その結果にもとづいて，全体の法則性を発見することを統計的推測（statistical inference）と呼ぶ。ただし，統計的推測が成立する大前提は，無作為抽出法（random sampling）である。

無作為抽出法とは，序章で取り上げたカードダス自動販売機のような「くじ引き機」でトレカを引くように，「くじ引き」の原理で標本となる要素を「ランダム」に —— これを「無作為」と訳している —— 選び出す方法である。厳密には，母集団の要素リストで，各要素に通し番号をつけ，この通し番号を乱数表を用いて抽出していく。あるいは，さいころや0か

ら9までの数字が2面ずつ刻まれている正20面体の「乱数さい」を振って，出た目をもとにして抽出していく。

　これを簡便化したものに，系統抽出法あるいは等間隔抽出法と呼ばれる方法がある。厳密な意味では無作為抽出法ではないが，たとえば，整理券番号や会員番号の下一桁が「5」の人だけを選び出して調べるというのは，抽出間隔10の等間隔抽出法をやっていることになる。（もう少し正式に書くと，母集団の大きさnを標本の大きさrで割ったn/r以下の最大の整数Iを抽出間隔として，このI以下の無作為に選んだ抽出スタート番号から，あとは等間隔Iで番号がなくなるまで選ぶ方法が「等間隔抽出法」である。）

　いずれにせよ，母集団の部分である標本が，無作為抽出によって選ばれていれば，確率という論理装置を通して，部分から全体を知ることが可能になる。

　なぜなら，母集団を構成する全要素について，それぞれが標本として抽出される確率が一定になるからである。もちろん，標本調査から導き出された結論は，そこから標本を抽出した母集団についてのみ妥当することは肝に銘じておくべきである。当たり前だが，他の母集団には妥当しない。それを母集団以外にも一般化すること（たとえば東京証券取引所の一部上場企業を母集団とする調査データをもとにして，「日本企業は……」といった議論を展開する愚行）には何の正当性も根拠もない。

　こうして無作為標本をもとにして可能になる統計的推測には，仮説検定（hypothesis testing）と推定（estimation）の2本の柱がある。仮説検定については，序章でもその考え方を紹介したが，これから具体的な統計ツールを見ていくと，統計ツールが常に検定を意識して作られていることが，よくわかるだろう。

　検定，推定に関しては，むしろ標本誤差（sampling error）との関係で理解した方が実用的である。標本誤差とは，標本抽出に伴う誤差であり，無作為抽出法を用いて標本抽出を行った場合に限り，確率によって客観的に評価することができる。検定では標本誤差との比較が行われ，推定では標本誤差そのものが評価される。

ただし，ここで重要なことは，標本の大きささえ十分にとれば，母集団の性質を客観的に評価することは可能だということであり，標本の大きさを大きくすればするほど，標本誤差を小さくできるということである。これが統計学の到達点なのである（詳しくは第 10 章で説明する）。したがって，統計学的なアイデアからすると，標本誤差は，事後的に評価すべきものというよりも，事前に設計しておくべきものなのである。

　実は，調査にともなう誤差は標本抽出にともなうものばかりではなく，たとえ標本抽出を行わずに，全数調査を行った場合でさえも発生してしまう非標本誤差も存在する（第 11 章で詳述する）。統計的推測が扱うことができるのは標本誤差だけであり，非標本誤差についてはお手上げである。しかも，こうした非標本誤差は統計処理のプロセスに入ってしまってからでは扱うことが難しく，まさに調査設計の段階で考えておくべきことである。つまり，実用的には，標本誤差も非標本誤差も，事前に調査設計しておくべきものであり，原データが得られた段階では，既に勝負はついていて，いまさらどうしようもない。

● 演習問題

1. 新聞で報道されている調査を 5 つ取り上げ，標本抽出法がどのように記述されているか（あるいは記述されていないか），調べなさい。

2. 日本企業に関する調査を 1 つ取り上げ，母集団と標本抽出法について調べなさい。そのことから，調査結果の解釈にどのような注意が必要なのかを述べなさい。

付録 1-1　調査方法の種類

調査する母集団の数と調査時点によって，調査は表 1.1 のように，**横断的調査**，**比較調査**，**パネル調査**，**繰り返し調査**の 4 種類に分類される。

表 1.1　調査方法の種類

調査時点	母集団	
	単一母集団	複数母集団
一時点	横断的調査	比較調査
複数時点	パネル調査	繰り返し調査

このうち基本になるのは，1 つの母集団に対する 1 回限りの調査である横断的調査である。他の調査方法は，この横断的調査を色々と組み合わせたものである。

① **横断的調査**（cross-sectional survey）：**単一の母集団に対して行う，1 回限りの調査**。最も基本的な調査方法である。他の調査方法は，この横断的調査を，複数時点または複数母集団で組み合わせたものである。
② **比較調査**（comparative survey）：**複数の母集団の比較を行うための調査**。横断的調査を複数母集団に関して同時に行ったものである。
③ **パネル調査**（panel survey）：**単一の母集団に対して 1 回だけ標本抽出を行い，同じ標本に対して複数時点で反復して行う調査**。その固定された標本を**パネル**（panel）と呼ぶ。法人企業統計調査などはパネル調査として実施されている。

　ところで，パネルを固定するということは，その間，母集団の時間以外の要因は変動しないと暗黙に仮定している。たとえば，ある年に何人かの従業員をパネルとして固定した場合，パネルの平均年

齢は1年で確実に1歳上昇する。しかし，実際の母集団には，その間に異動，退職等があって，高年齢層は脱落していき，代わって若年層が入ってくるので，母集団の平均年齢は，たとえ上がったとしても，パネルのそれほどには上昇しない。つまり，パネルは老化しやすいのである。そのため，パネルはほぼ毎年，更新をせまられることになる。

　実際，法人企業統計調査では，1年間パネルを固定するので，調査途中で倒産などによって標本の脱落が発生すれば，当然，調査の対象外となり，比較的安定した企業のみが残存することになる。その結果，たとえば1社当りの資産は4–6月期から翌年1–3月期にかけて増大し，4月に新標本に切り替えられると下落するということを毎年繰り返すことになる（サンプル替えは2009年からは半数ずつ入れ替える方式に変わっている）。

④　**繰り返し調査**（replicated survey）：複数母集団に対して複数時点で標本抽出を繰り返して行う調査。パネル調査のようにパネルを固定しないので標本は調査のたびに異なる。

　調査時点が異なれば，母集団を規定する他のルールが同じでも，厳密には母集団の要素は異なるので，このような場合も，厳密には繰り返し調査になる。しかし一般に，調査時点が異なるだけで，母集団を規定する他のルールが同じならば，そのような調査から得られたデータは，**時系列データ**（time-series data）と呼ばれる。時系列データによって，時間の経過による変化や異時点間の関係を知ることができる。パネル調査も，パネルを固定する間，母集団の要素は変動しないと仮定して，時系列データを得るために行われるものである。

付録 1-2　量的データと質的データ

観測値が数値となっていれば，形式的にはそれらの間の演算が可能になる。しかし，注意が必要なのは，観測値がどんな尺度（scale）によって測定されたのかによって，どのような水準の演算を行うことができるかが決まってくるということである。よく用いられる尺度の分類としては，次の4つがある。

① **名義尺度**（nominal scale）：観測値が単に対象の分類，カテゴリーを示しているものである。例としては，男性に1，女性に2という数値を割り当てた場合や，郵便番号などがある。

② **順序尺度**（ordinal scale）：観測値が序数としての意味をもち，対象間の順序付けを示しているものである。例としては，中学卒に1，高校卒に2，大学卒に3という数値を割り当てた場合や1番，2番……といった成績順位などがある。

③ **間隔尺度**（interval scale）：観測値が任意の単位の何倍という形で示され，測定値の差が意味をもつものである。例としては，時刻や摂氏，華氏の温度などがある。

④ **比率尺度**（ratio scale）：間隔尺度と同様に，観測値が任意の単位の何倍という形で示され，さらに原点0が絶対的な意味をもっていて，観測値の差だけではなくて，比率も量として意味をもつものである。例としては，時間，質量，個数などがある。

名義尺度，順序尺度にもとづくデータのことを**質的（定性的）データ**（qualitative data）といい，間隔尺度，比率尺度にもとづくデータのことを**量的（定量的）データ**（quantitative data）という。上のリストの①から④へとなるにしたがって，尺度としては上位になっていく。つまり，上位の尺度にもとづく観測値には，下位の尺度にもとづく観測値の意味，およびそれに可能な演算が包含されている。観測値の演算可能性は，

① 名義尺度ではカウント（計数）にもとづく演算だけが意味をもつ。
② 順序尺度では順位に関する演算も意味をもつ。
③ 間隔尺度では加減の演算も意味をもつ。
④ 比率尺度では加減乗除の演算も意味をもつ。

こうした演算可能性については十分に注意を払わねばならない。ただし，近年，こうした制約はあまり気にすることがなくなった。すなわち，質的データであっても，カテゴリー A とカテゴリー非 A の 2 つの値のみしかもたないとき，変数 x_i を

$$x_i = \begin{cases} 1 \cdots\cdots\cdots\text{カテゴリー A} \\ 0 \cdots\cdots\text{カテゴリー非 A} \end{cases}$$

とおくと，2 値質的データの場合には，質的データであっても数量化することが可能となるからである。このように，本来は質的なデータに対して，1 または 0 のどちらかの値をとる人工的な変数をあてはめるとき，この変数をダミー変数と呼ぶ。ダミー変数を用いることにより，より高度の演算を必要とする統計手法を使用することが可能となる。

しかし，次のような方法は，似て非なるものなので注意がいる。いま，個人の判断する好き嫌いや良し悪しなどの評価を，たとえば

　　　大変良い　　　良い　　　ふつう　　　悪い　　　大変悪い

といった 5 段階で答えさせ，回答を 1～5 点のスコアに置き換えることを考えよう。このようにして得られた複数の質問のスコアを合算して用いる尺度をリッカート・スケール（Likert scale）という。

こうした 5 点尺度あるいは 7 点尺度などで質問の回答を求めることは，リッカート・スケールという意識がなくても，調査ではよく用いられる方法である。しかし，この方法で得られた観測値間の演算を行うことは，実は理屈の上では問題が多い。なぜならば，それらは，たとえば通信簿の点のように，同一人物が統一的に評価したものではなく，複数の人がまったく独立に主観的に評価したものなので，たとえば A さんのつけた 3 点が B さんのつけた 4 点よりも小さいともいえず，順序尺度として扱うことに

すら疑問があるからである。

　にもかかわらず，5点尺度，7点尺度の観測値は，とりうる値が5つ，7つと多いために，カテゴリーとして扱うには不便であるということもあって，平均値をとったり，より複雑な演算にもとづくデータ処理が行われることが多い．しかし，この種の観測値を間隔尺度以上の尺度にもとづく観測値として扱うことには，前述の演算可能性の規則からいうと根拠がない．

　したがって，5点尺度や7点尺度のデータを扱う場合には，細心の注意が必要である．もし，その平均値をとる場合には，少なくとも分布の峰が1つで，単峰型（unimodal）をしていることを確認すべきである．峰が2つ以上ある場合には，平均値で代表させる意味はほとんどない．また，複数の質問のスコアを合算して用いる場合には，項目分析を行うなどして，各質問項目の合算の適否を検討すべきである．

　しかし，5点尺度や7点尺度を使って調査することの一番大きな問題点は，5段階評価や7段階評価を集計分析段階で，たとえば「良い」「悪い」の2つのカテゴリーに2分割することが，あまりに無造作にあるいは作為的によく行われるということである．この場合には，中立的回答をどちらのカテゴリーに分類するのかで，「良い」「悪い」のどちらを多数意見とするかを調査者側が恣意的に決めてしまう危険性がある．通常は，中立的回答，すなわち尺度のほぼ中央に分布の峰があるので，ほとんどのケースで調査者側に恣意的な判断を求めていることになる．最終的に「良い」「悪い」の2つのカテゴリーにまとめるつもりならば，調査段階で質問の回答の選択肢を「良い」「悪い」にしておくべきであろう．

　質的データ，量的データの区別とある意味では混同されがちなものに，離散変数と連続変数の区別があるので，一応説明しておこう．

　離散（discrete）変数とは，とりうる値が高々可算個，つまり有限個または可算無限個，たとえば，とりうる値の集合が，整数，有理数の変数である．それに対して，連続（continuous）変数とは，とりうる値が可算個ではない，たとえば，とりうる値の集合が実数全体であるような変数である．

　実は，ここでいう「連続」は通常の数学的意味で使われているのではな

く,「離散」と対比して使用されていると考えた方がよい。離散変数と連続変数の区別は数理統計学,確率論の上では意味のある区分だが,実際のデータ収集,統計処理上は,厳密に区別することにはあまり意味がない。なぜなら,まず,実際の観測値は正確には常に離散的だからである。理屈の上では連続変数であっても,その観測値は測定機器の精度の限界,分析の目的により,適当な桁数の有効数字に丸められ,離散的となるのである。しかも,逆に,たとえ理屈の上では離散変数の場合でも,とりうる値が多いときには,「試験の点数」のように,連続変数とみなして処理することも多いのである。

第2章
度数分布

2.1 『会社の寿命』

(1) 30年後にあなたの会社が生き残っている確率

「会社の寿命は30年と言われていますが，30年後，あなたの会社が生き残っている確率はどのくらいだと思いますか？ 0%から100%までの数字でお答えください。」

1987年にこんな質問を組み込んだ質問票を使って，大企業11社でそれぞれホワイトカラーの組織単位を複数選んで全数調査をしたことがある。いわゆるアンケート調査というものだが，正確には「質問票調査」という。そのときその中の1社，A社で調査の窓口になってもらった人事担当者がある部長のところへ調査票を持っていって調査協力と回答をお願いすると「会社が30年後に生き残っている確率とは何だ!? A社は未来永劫に存続するのだ！」と本気で怒られてしまったという。

実はこのときの調査では，11社580人から回答が得られ，回収率は84.1%であった。この質問に対する回答結果は図2.1のようなものであった。50%未満と答えた人は14%しかおらず，逆に100%と答えた人が19%もいる。

実はA社だけで見ると100%生き残っていると答えた人が30%もいて，50%未満の確率をあげた人は1人もいなかったのである。

しかし，同時に答えてもらった

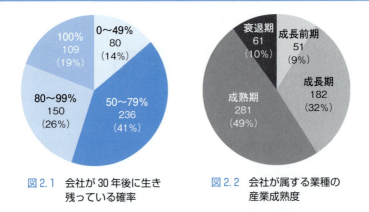

図2.1 会社が30年後に生き残っている確率

図2.2 会社が属する業種の産業成熟度

「あなたは、あなたの会社の属している業種が、産業として、どのような時期にあると思っていますか？」

という質問に対しては、図2.2のようにも答えているのである。つまり、既に大企業となっているということを反映してか、約6割の人が、既に成熟期または衰退期にあると答えており、この傾向はA社でも変わらなかった。こうした認識を背景にした上で、図2.1のような30年後の生き残り確率を答えているのである。はたしてこの確率の見通しは妥当なものなのだろうか？　それとも楽観的で甘過ぎるのだろうか？

(2) 会社の寿命30年説

　実は、このような質問を考え、調査してみたのには理由がある。当時「会社の寿命30年説」なるものが話題になり、企業に勤めるいわゆるサラリーマンの間で会社の寿命に関する関心が高まっていたのである。そのきっかけとなったのが、日経ビジネス編『会社の寿命』（日本経済新聞社、1984）であった。

　「会社の寿命30年説」の生まれるもとになったのは、1896年から1982年の86年間にわたって、1896年（明治29年）、1911年（明治44年）、1919年（大正8年）、1929年（昭和4年）、1936年（昭和11年）、1940

年（昭和 15 年），1955 年（昭和 30 年），1966 年（昭和 41 年），1972 年（昭和 47 年），1982 年（昭和 57 年）とだいたい 10 年ごとに 10 期調べられた総資産額でみた「日本のトップ企業 100 社」のランキング表である。

総資産額で会社の大きさを測定すると，いわゆる装置産業，設備産業のような業種の企業の大きさを過大評価してしまう可能性があるが，仮に，売上高で会社の大きさを測定すると，今度はこれらの企業を逆に過小評価してしまう可能性があるので，一長一短がある。ここでは総資産額で大きさを測定することにともなうデータのくせを知った上で話を進めたい。

もしこのトップ企業 100 社の顔ぶれがあまり変わらなければ，全 10 期のランキング表に登場する企業総数は 100 社をそう上回らないはずである（もし 10 年毎に総入れ替えとなれば，ランキング表に登場する企業総数は 100 社×10 期＝1,000 社ということになる）。

ところが実際には 413 社がランキング表に登場することになる。10 期調べられたトップ企業 100 社として 413 社がランク入りしていたということは，単純に計算して，これらの企業が平均して 100×10÷413＝2.4 期ランキング表に登場していたことになる。

ここから「企業が繁栄をきわめ，優良企業グループ入りできる期間は平均 2.5 回，つまり 1 期 10 年として 30 年足らず」（日経ビジネス，1984，p.9）という有名な「会社の寿命 30 年説」が唱えられることになる。そして実際に，図 2.3 にも示されるように，413 社のうち 1 期だけランク入りした企業が 194 社，2 期だけが 73 社，3 期だけが 54 社と全体の 8 割近い 321 社が 3 期以内にランキング表から姿を消しているのである。

しかし，この計算はやはりおおざっぱすぎるというべきであろう。「1 期 10 年」というのは，1 期登場していたら 10 年ランキング入りしていたと考えるということらしいが，真面目に考えると意味がわからない。普通は 2 期連続登場して，はじめてその間の 10 年ランキング入りしていたと考えるものだろう。しかも，仮に 1 期 10 年としても，2.4 期だと 24 年のはずなのに，それを「30 年足らず」としてしまうことも気にかかるが，実は，1 期 10 年とすること自体が正確ではない。各期間の長さが最短 4 年から最長 15 年までばらばらで，平均しても 1 期は 86÷9＝9.6 年になっ

2.1 『会社の寿命』

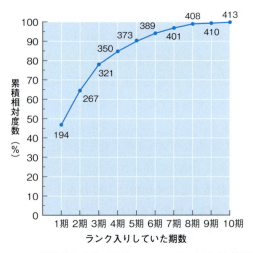

図2.3 総資産額上位100社にランク入りしていた期数

ているのである。

　その上，たとえば1982年に初登場した企業は，この分析では1期しかランキング表に登場しない企業として扱わざるをえないが，実際にはそのうちかなりの企業はその後もランク入りし続けるだろう。つまり，この計算方法では，調査期間の両端で期間が切断されている分だけ，ランク入りの期数を過小評価してしまい，その分，不正確になるのである。こうした場合，年平均脱落率を使えば，

> ランク入りしている平均年数＝1÷年平均脱落率

という簡単な公式で，より正確に求めることができる（付録2-1参照）。

　図2.4からわかるように86年間で309社が脱落したわけであるから，年平均で，100社中309÷86＝3.59社の企業がランキング表から脱落していることになる。つまり年平均脱落率は3.59％であり，公式からランク入りしている平均年数を求めると1÷0.0359＝27.8年となる。4年ほど「平均寿命」が伸びて，会社の寿命30年説により近づく。

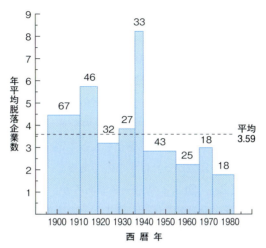

図 2.4　総資産額上位 100 社のランキング表からの脱落企業
（計 309 社）のヒストグラム

　もっとも，これでもまだ平均寿命を短めに見積もっていることになる。図 2.4 を一見してわかることは，年数の短い期間の方が年平均脱落企業数が多いことである。これは短い年数の期間では，ランキング表を出たり入ったりしている企業をカウントしてしまうためと考えられる。十分に長い期間では長期的に見て没落傾向にある企業がリバイバルするケースはあまりないし，長い年数の期間の途中で上位 100 社に出入りがあったとしても，それは期首・期末のランキング表に記録として残らないのでカウントされない。しかし年数の短い期間では，リバイバル組の企業をカウントしてしまう機会が増えるので，どうしても見掛け上の「脱落率」は高くなってしまうのである。

　図 2.4 を見れば明らかなように，戦後になって 1955 年（昭和 30 年）以降は年平均脱落率が $(25+18+18) \div 27 = 2.26$ 社つまり 2.26％ と低下しているので，この平均脱落率の数字をそのまま使っても，このペースならば，ランク入りしている平均期数は $1 \div 0.0226 = 44.2$ 年と 40 年を超す

ことになる。1966年～1972年の期間が6年間しかなく，年平均脱落企業数が多めになっていることを勘案すると「戦後の会社の寿命50年説」ということにでもなろうか。

ちなみに，この脱落率ならば，30年間生き残り，30年後にもランク入りしている企業の割合は $(1-0.0226)^{30}=0.504$ つまり50%を超えることになる。図2.1で示されたような直観は案外と正しいのかもしれない。実は，『会社の寿命』の分析はすべて鉱工業の企業に関するもので，ランキングの対象には金融も商社も公益事業も入っていない。こうした企業を入れると，もっと寿命は長かったはずなのである。

冒頭に挙げた図2.1，図2.2のデータであるが，実は当時，会社別のもっと詳しい数字を，会社名を伏せたまま，その頃著名だった日本の経営学者数人に見せて，コメントをもらったことがある。どの人からも，異口同音に，かなり手厳しい日本企業批判を頂戴した。いわく，既に成熟期にある会社が，特にA社みたいな6割の人が成熟期と答えている成熟期の会社が，こんな楽観的で甘いことを考えているとは何事だ。だから日本の会社はダメなのだと。

ところが，伏せてあったA社の社名を明かすと，全員が絶句した。A社は首都圏を営業圏にしている誰でも知っている大手私鉄だったのである。確かに成長前期や成長期ではない。しかし，A社の部長が本気で怒ったとおり，30年やそこらで，寿命が尽きるとは考えにくい。調査当時ですら，戦時統制下のいわゆる大東急からの分離独立から数えても既に40年近くを経過していた。実際，調査からほぼ30年が経過しても，A社はビクともしていない。

2.2　度数だけでも分析できる

(1)　記述統計学

さて，前節は，統計を使った分析の一例として，高橋伸夫『経営の再生』（有斐閣，1995；2003；2006）の第1章から引用したものである。

ただし使っているのは，あるカテゴリーに該当する人・会社が何人・何社かをカウントした数字——これを「度数」と呼ぶ——だけである。

ここで，図 2.1 の「会社が 30 年後に生き残っている確率」や図 2.2 の「会社が属する業種の産業成熟度」は，それぞれ変数（variable）と呼ばれる。それに対して，たとえば，回答者が「会社が 30 年後に生き残っている確率」を「100%」，「会社が属する業種の産業成熟度」を「成熟期」と回答した時，「100%」のような量的データであれ，「成熟期」のような質的データであれ，それらは観測値，測定値と呼ばれる。

こうして得られた調査データに対して，標本調査，全数調査にかかわらず，集団としての特徴を記述することが，第 1 章でも述べた記述統計学の役割である。記述統計学というと堅苦しいが，要するに，データをわかりやすく整理・要約することである。

統計学というと，すぐに平均，分散をはじめとした色々な統計量を計算することを連想する人が多いが，一般的には，

《ステップ 1》 図・表によるデータの整理
《ステップ 2》 平均，分散などの数値によるデータの要約

のようなステップを踏んで行っておかないと，後になって後悔することになる。ステップ 1 のデータの整理を飛ばして，いきなりステップ 2 から始めてデータを要約することは，一見近道のようで，結局は無駄な努力に終ることが多い。これから説明していくが，平均，分散といった非常によく用いられる基本的な統計量ですら，分布の形がなめらかで整っていればこそ，意味をもつものなのである。

統計データ処理とは結局，上手に図・表にまとめることである，と言っても過言ではない。前節の例が典型的だが，説得的な事実に肉薄するという意味では，実際には，データの整理だけで十分なケースが多いものである。実感としては，原データの本来もっている説得力を上手に引き出す図・表による整理ができるのであれば，それ以上の高度な統計手法は不要なのである。少なくとも，図・表にまとめて，全体を記述した上で，はじめてそれから先の処理，分析に進むことができるということを肝に命じて

おくべきであろう。

(2) 表による記述

表による記述は，もちろん図2.2のような質的データに対して行われるが，実は，図2.1のような量的データに対しても行われる。ただし，量的データでは，まずデータの値をいくつかの段階に分けた「階級」（class）と呼ばれるものを設定する。

図2.1の場合には，「0〜49%」「50〜79%」「80〜99%」「100%」の4つの階級を設定して，回答者が0%から100%まで1%刻みで答えた生き残り確率をそこに分類してカウントしている。この階級は質的データの「カテゴリー」に相当するものであり，そのため形式的には，質的データも量的データも，その度数分布表（frequency table）は同じものになる。ここで，度数（frequency）とは，当該カテゴリーもしくは階級に該当するオブザーベーション数をカウントしたものである。

表2.1と表2.2は，図2.1と図2.2の度数と相対度数を表示したものである。「相対度数」とは，図2.1と図2.2ではデータラベルの3行目に表示されていたもので，各セルの度数の全体度数に対する相対的な百分率を表している。この表は，このままの形でExcelで作成してあるので，相対度数はExcelに計算させることができる。

(3) 棒グラフとヒストグラム

また，この表がExcelで作成してあるので，表2.1，表2.2の度数部分の行（青で網掛けしている横に並んだ4個のセル）をそれぞれマウスで指定して，[挿入][グラフ][縦棒]で簡単に棒グラフを描くこともできる。

棒グラフ（bar graph）とは，とりうる値の上に，長さで度数を表すように棒を描いたグラフである。棒は水平方向に寝ている棒でも，垂直の立った棒でもかまわないが，棒同士の間には隙間をあけて棒同士をくっつけないようにして，ヒストグラムではないことを示す。

ただし，Excelでは自動でやってくれるが，棒には幅があってもいいが，その幅は統一する必要がある。横軸のラベル——たとえば表2.1では

表2.1 会社が30年後に生き残っている確率

	会社が30年後に生き残っている確率				
	0〜49%	50〜79%	80〜99%	100%	全体
度数	80	236	150	109	575
相対度数	13.9%	41.0%	26.1%	19.0%	100.0%

表2.2 会社が属する業種の産業成熟度

	業種の産業成熟度				
	成長前期	成長期	成熟期	衰退期	全体
度数	51	182	281	61	575
相対度数	8.9%	31.7%	48.9%	10.6%	100.0%

「0〜49%」「50〜79%」「80〜99%」「100%」——もきちんと付けるには，棒グラフを右クリックして，［データソースの選択］を選び，右下の「横（項目）軸ラベル」の 編集 ボタンを押し，「0〜49%」「50〜79%」「80〜99%」「100%」を指定すればいい。図2.1と図2.2のような円グラフも，同様に Excel で［挿入］［グラフ］［円］で簡単に作れる。

前節での分析は，会社が30年後に生き残っている確率を50%未満と答えた人や100%と答えた人の割合，また，会社が属する業種の産業成熟度を成熟期と答えている人の割合を示したかったので，図2.5と図2.6の棒グラフよりは円グラフの方が視覚的にふさわしい。

また，図2.5の横軸を見ればわかるように，量的データである確率の階級が等間隔ではないことも，棒グラフが適さない理由である。このような場合に棒グラフが適さないことは，図2.4を棒グラフで描いてみると，はっきりわかる。棒グラフは図2.7のようになり，ピークが図2.4とは違って，1896年〜1910年，1940年〜1954年になり，形状，傾向が全く変わってしまうのである。

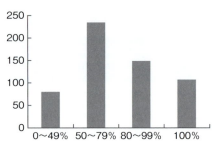

図 2.5　会社が 30 年後に生き残っている確率

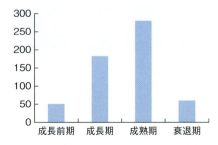

図 2.6　会社が属する業種の産業成熟度

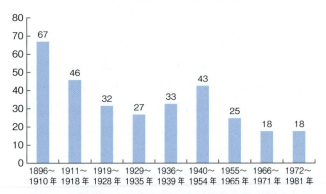

図 2.7　総資産額上位 100 社のランキング表からの脱落企業
　　　　（計 309 社）の棒グラフ

　これは，棒グラフが，とりうる値の上に，長さで度数を表すように棒を描いたグラフだからである．それに対して，図 2.4 は，ヒストグラム（histogram）と呼ばれるもので，長方形をした柱の面積で度数を示す．図

32　第 2 章　度数分布

2.4 で明らかなように，階級の間隔が等しくないような場合には，各階級の度数を長方形をした各柱の面積で表したヒストグラムを描かなくてはならない。棒グラフでは，階級の幅が広くなると，その分，度数が増えて棒が長くなり，棒グラフの形状が，階級の取り方に依存してしまうからである。

(4) 累積（相対）度数

図2.5や図2.6のように，中央部分が高い度数分布の場合には，あまり必要性を感じないが，そうではない場合には，度数の取り方にも一工夫あった方がわかりやすい。たとえば，図2.3で描かれていた「総資産額上位100社にランク入りしていた期数」を度数分布の形で表すと，表2.3，図2.8のようになる。明らかに最初にピークがあって，それから急速に低減していく形をしている。

こうした場合，**累積度数分布表**（cumulative frequency table）を示すことが多い。**累積度数**（cumulative frequency）とは，表2.3の右半分の列のように，量的データの場合には度数を下の階級から順に積み上げたときの度数である。質的データの場合には，カテゴリーの並んでいる順に積み上げたときの度数になる。さらに全体に対する相対的な百分率で表し，**累積相対度数**（relative cumulative frequency）を示すと，だんだんと100％の飽和状態に近づいていくこともわかる。この様子は，図2.3のような累積度数折れ線を描けば，より明らかになる。

ただし，ヒストグラムから累積度数折れ線，正確には**累積度数多角形**（frequency polygon）を描く場合には，注意が必要になる。図2.9のように，まず，ヒストグラムの柱を順に角と角が合うようにして積み重ねていき，各柱の対角線を描いていく。こうして描いた累積度数折れ線の折れ曲がっているその角の点の横座標は階級の上の境界に対応している。つまり，もし階級で分けずに，素データをつかった場合であっても，累積度数曲線はこの点を通るはずである。

ところで，この章に出てきた例では該当しないが，一般には最後の階級が**オープン・エンドの階級**，つまり上限がわからない階級となっていることが結構多い。こうしたオープン・エンドの階級の処置が実はあやしく

表2.3 総資産額上位100社にランク入りしていた期数

	度　数	相対度数	累積度数	累積相対度数
1期	194	47.0%	194	47.0%
2期	73	17.7%	267	64.6%
3期	54	13.1%	321	77.7%
4期	29	7.0%	350	84.7%
5期	23	5.6%	373	90.3%
6期	16	3.9%	389	94.2%
7期	12	2.9%	401	97.1%
8期	7	1.7%	408	98.8%
9期	2	0.5%	410	99.3%
10期	3	0.7%	413	100.0%
計	413	100.0%		

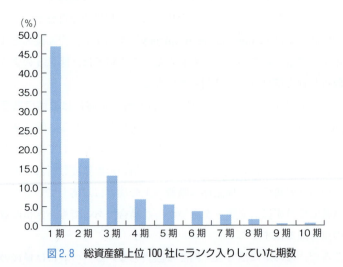

図2.8　総資産額上位100社にランク入りしていた期数

(A) 図2.4のヒストグラム　　(B) 累積度数多角形（柱は含まない）
図2.9　ヒストグラムと累積度数多角形

なってしまう。正確に図を描くことが出来ないのである。ヒストグラムの場合には，多少高さを低めにして，目分量で記入するしかないし，累積度数多角形の場合には，100％よりやや下のところに目分量で線を結ぶしかないのである。

したがって，ヒストグラムや累積度数多角形を正確に描くことを考えているのであれば，オープン・エンドの階級は不用意に作るべきではない。もし作るのであれば，その階級でのデータの平均値，最小値または最大値を注記する心遣いがほしい。

2.3　カテゴリーとしての階級の作り方

　量的データの記述統計は階級を設定することから始まる。階級の設定には，こうしたら良いというような一般的なルールは存在しない。むしろ，試行錯誤を繰り返しながら決めていくべきだといった方がよいだろう。その結果として，なめらかな整った形の分布のヒストグラムや棒グラフが得られれば，一応満足して試行錯誤を終了するわけである。

しかし，なめらかで整った形であることが，良い階級設定の唯一の基準ではない。ある階級設定が良いものであるかどうかは，統計処理をして分析する側の意図に大きく依存しているのである。このことは，次の例題を自分で考えてみるとよくわかる。

【例題】 下のデータは，某日，東京都にある小売店のうち，100軒をくじ引き的に抽出して，そこにおける某品の在庫量（単位は個数）を調べたものである（林周二『統計学講義』丸善，1973, p.11）。度数分布を図表化して，棒グラフにしてみなさい。その棒グラフからどんなことがいえるのか。

21	142	0	282	187	100	0	0	225	42
72	159	33	21	61	593	0	47	97	0
0	4	192	0	17	75	133	125	13	163
122	30	0	263	27	186	23	41	18	44
0	8	12	4	47	20	0	16	91	20
0	18	6	0	25	29	178	8	110	0
62	0	98	0	55	0	0	43	75	61
14	0	63	0	25	0	27	12	561	62
14	20	34	64	43	90	169	4	81	44
85	4	10	19	0	35	39	28	0	0

こうした問題にはただ1つの正解というものはない。しかし，次のようなポイントは，一応，頭の片隅に置いて着目してみると役に立つ。

《ポイント1》 各階級の区間はできるだけ等間隔にとり，階級の境界が切りのいい数値になるようにすること。

《ポイント2》 階級の個数 k はデータのサイズ n を考慮して決めること。これには次のスタージェス（H. A. Sturges）の経験公式が目安として役に立つ。

$$k \fallingdotseq 1 + \log_2 n = 1 + \frac{\log_{10} n}{\log_{10} 2} \fallingdotseq 1 + 3.32 \log_{10} n$$

表 2.4 データのサイズと階級の個数

データの サイズ (n)	10	20	50	100	200	500	1,000	2,000	5,000	10,000
階級の 個数 (k)	4.32	5.32	6.64	7.64	8.64	9.96	10.96	11.96	13.28	14.28

表 2.5 解答例 1

在庫量	店 数
0〜99	82
100〜199	13
200〜299	3
300〜399	0
400〜499	0
500〜599	2

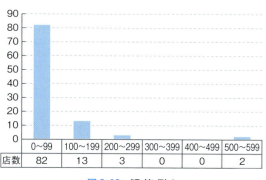

図 2.10 解答例 1

スタージェスの経験公式は，まずデータが 1 個の場合でも階級は 1 つは必要で，さらにデータのサイズ n が 2 倍になるごとに階級の個数 k を 1 つ増やした方がよいといっている．実際に，この公式を用いて階級の個数を計算してみると，表 2.4 のようになる．

この例題では，$n=100$ であるから，ポイント 2 については，スタージェスの公式から階級の数は 7〜8 といったところである．問題はポイント 1 で，これについて 3 つの解答例を考えてみよう．

階級の区間を等間隔にとった場合．まず解答例 1 のような度数分布表（表 2.5），棒グラフ（図 2.10）が描ける．ただし，データを一見して，0 が多いことがわかるので，「0」だけで 1 つの階級にして分けると解答例 2 の表 2.6，図 2.11 のようになる．いずれにせよ，これらの棒グラフから，比較的きれいに分布している様子がわかる．これはこれで間違いではなく，きれいなレポートが書けたことになる．

ただし，解答例 1 や 2 のように，等間隔原則を機械的に適用すると，観測値が片方の端のごく狭い部分に（具体的には 0〜99 に）集中して，集

2.3 カテゴリーとしての階級の作り方

表2.6 解答例2

在庫量	店数
0	23
1〜99	59
100〜199	13
200〜299	3
300〜399	0
400〜499	0
500〜599	2

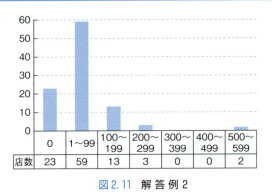

図2.11 解答例2

中部分の情報が失われてしまうことになる。そこで，階級の区間を対数の意味で等間隔にとった場合は，どうなるだろう。これは対数をとれば，

$$\log a \cdot b = \log a + \log b \qquad \log a \cdot b^n = \log a + n \log b$$

という性質があることから，b倍ごとに対数の意味で等間隔になっていると考えるのである。スタージェスの公式から階級の数は7〜8ということを配慮して，いま2倍ごとに区切って階級を作ってみると，各階級の区切りの値は次のようになる。

$$
\begin{aligned}
&10 \quad \log 10 \\
&20 \quad \log 20 \quad = \log 2 \cdot 10 = \log 10 + \log 2 = \log 10 + \log 2 \\
&40 \quad \log 40 \quad = \log 2 \cdot 20 = \log 20 + \log 2 = (\log 10 + \log 2) + \log 2 \\
&\qquad\qquad\qquad = \log 10 + 2\log 2 \\
&80 \quad \log 80 \quad = \log 2 \cdot 40 = \log 40 + \log 2 = (\log 10 + 2\log 2) + \log 2 \\
&\qquad\qquad\qquad = \log 10 + 3\log 2 \\
&160 \quad \log 160 \quad = \log 2 \cdot 80 = \log 80 + \log 2 = (\log 10 + 3\log 2) + \log 2 \\
&\qquad\qquad\qquad = \log 10 + 4\log 2 \\
&320 \quad \log 320 \quad = \log 2 \cdot 160 = \log 160 + \log 2 = (\log 10 + 4\log 2) + \log 2 \\
&\qquad\qquad\qquad = \log 10 + 5\log 2 \\
&640 \quad \log 640 \quad = \log 2 \cdot 320 = \log 320 + \log 2 = (\log 10 + 5\log 2) + \log 2 \\
&\qquad\qquad\qquad = \log 10 + 6\log 2
\end{aligned}
$$

表2.7 解答例3

在庫量	店数
0	23
1〜9	7
10〜19	11
20〜39	17
40〜79	18
80〜159	13
160〜319	9
320〜639	2

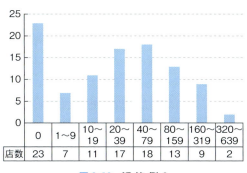

図2.12 解答例3

こうすると,「0」という階級を除いて,表2.7,図2.12で示されるような,きれいな分布をしていることがわかる。

このような処理の仕方は,実は,経済統計の分野では常識的に行なわれている。たとえば,従業員規模に大きな違いのある企業の集団について,従業員規模別企業数の度数分布を調べるような場合にも同じようにあてはまる。仮に従業員規模10人の企業で従業員が10人増減するとすれば大変なことである。しかし,従業員規模10,000人の企業で従業員が10人増減することはあまり問題にはならない。なぜなら,前者ではたった10人でも従業員規模は倍増もしくは消滅を意味しているのに,後者では10人では0.1%にしかならず,この程度の従業員数の変動は日常的に起きている可能性があるからである。

このように,絶対数での差よりも,むしろ相対的な比率に意味があると考えられる場合には,等しい比率が等しい間隔になるようにした方がよい。つまり,対数の意味での等間隔である。

こうして得られた解答例3では,階級「0」に集中した分布の山と,階級「40〜79」をピークとしたきれいな分布の山の2つの山のあることがわかる。このように,分布の峰が複数ある場合には,全く特性の異なる複数の母集団からの標本が混じっている可能性がある。こうした場合には,

2.3 カテゴリーとしての階級の作り方

層別（stratification）によって，適切にグループ化すると，それぞれのグループで，峰が1つの単純な分布（単峰型；unimodal）が現れることが多い．

例題はまさにその例で，少なくとも，「0」という値は異常値で，何か特別な理由があるはずである．実はここで，母集団が何だったのかということが大きな意味をもってくるのである．

おそらく，「某品の在庫量」調査とはいうものの，実際には，たまたま調査時に在庫が底をついていて，在庫量が0だったという小売店はごく少数で（グラフの形からすると，せいぜい数軒），むしろその多くはずっと恒常的に0，つまり，そもそも当該商品をまったく取り扱わない小売店がけっこうあるのであろう．他方，当該商品を扱っている小売店では，その規模等で在庫量にばらつきが生まれるために，きれいな分布が現れたものと思われる．つまり，「当該商品を扱っている小売店」と「当該商品を扱っていない小売店」の特性の異なる2つの母集団からの標本が混じっていると考えるのが合理的である．後者の当該商品を最初からまったく相手にしていない小売店がけっこうあるということ自体が，その商品の販売担当者にとっては重要かつ有用な情報となるであろう．しかも，その割合は100軒中約20軒，つまり約2割程度だということもわかる．

もっとも，こうした有用な情報も，解答例3のように整理したからわかったもので，解答例1や2のように整理していては，気付かれることもなかっただろうが……．

● 演習問題

1. 例題の解答例 1 の図 2.10 から，商品の販売担当者にどのような指示を出すべきかを考えなさい。

2. 下のデータは，経済学部のある科目の試験の答案から 80 枚をくじ引き的に抽出して，その点数を調べたものである。度数分布を図表化して，棒グラフにしてみなさい。その棒グラフからどんなことがいえるのか。

```
99  76  89  80  74    89  73  57  71  92
63  90  52  74  86    73  90  86  88  99
62  72  74  71  73    64  60  61  52  73
59  40  75  61  61    89  71  64  69  73
82  77  67  84  57    82  62  54  70  83
67  80  65  92  70    77  52  76  55  45
75  67  62  86  43    59  57  60  56  50
44  60  54  56  78    62  82  73  69  61
```

付録 2-1　ランク入りしている平均年数の計算

　年間の脱落率を p とすると，1 年で脱落する確率は p である。1 年は脱落しなかったが 2 年で脱落する確率は $(1-p)p$ である。2 年は脱落しなかったが 3 年で脱落する確率は $(1-p)^2 p$ である。……$n-1$ 年は脱落しなかったが n 年で脱落する確率は $(1-p)^{n-1}p$ である（これは幾何分布（geometric distribution）とも呼ばれる）。したがって，ランク入りしている年数 X は，ランク入りを停止するまでの時間を表している確率変数（いわゆる random stopping time）である。

　このとき，年間の脱落率 p としたとき X の期待値つまり確率による加重平均年数は次のように求められる。

$$E(X) = 1\cdot p + 2\cdot(1-p)p + 3\cdot(1-p)^2 p + \cdots + n(1-p)^{n-1}p + \cdots = \frac{1}{p}$$

1 年間ごとに 1 つの会社が，その一部 p（$p<1$）ずつ脱落していくのだから，$1/p$ 年たてば 1 社が丸ごと完全に脱落してしまうことになると考えてもよい。いずれにせよ，ここでは年平均の脱落率を近似的に p として計算している。

第3章
平均と分散

　前章の例題のように，全く特性の異なる複数の母集団からの標本が混じっているような場合には，いわゆる「平均」のような代表値に，代表値としての意味はほとんどないということはもうおわかりだろう。これから，この節で扱う平均，分散は単峰型の分布を要約する際に用いられるべきものである。

3.1 （算術）平均

　通常，平均といえば算術平均（arithmetic mean）のことになるが（他に幾何平均などもある（付録3-1参照），算術平均を計算することは，統計学を知らない人でも行うごく普通の操作であるといえる。たとえば，3教科の試験の得点が78点，64点，87点だったとき，平均点は（78+64+87)/3＝76.3というように求めるが，これが算術平均で，より一般的には次のように表せる。

> サイズ n のデータ　$x_1, x_2, \cdots, x_n$ の平均 $\bar{x}$ は
> $$\bar{x} = \frac{x_1 + x_2 + \cdots + x_n}{n} = \frac{1}{n}\sum_{i=1}^{n} x_i$$

平均は変数 x の記号の上に横棒を付して $\bar{x}$ と表記し，「エックス・バー」または「バー・エックス」と読むのが慣例となっている。ギリシャ文字 Σ は「シグマ」と読む。Σ 記号の用法については付録3-2を参照のこと。

多くの人が意識せずに常識的に使っている算術平均の性質もある。

$$\overline{ax+by+c} = \frac{1}{n}\sum_{i=1}^{n}(ax_i+by_i+c) = \frac{a}{n}\sum_{i=1}^{n}x_i + \frac{b}{n}\sum_{i=1}^{n}y_i + \frac{1}{n}nc = a\bar{x}+b\bar{y}+c$$

つまり，算術平均は次のような性質がある。

$$\overline{ax+by+c} = a\bar{x}+b\bar{y}+c$$

たとえば，メートル単位で測った身長の平均が 1.68m だったときに，一人ひとりの身長をセンチメートル単位に直して（100倍して）から，あらためて平均を求めなくても，1.68 を 100 倍して平均身長 168cm としていいのは，実はこの性質のおかげである。したがって，平均を使った演算は「常識的」に行うことができる。

また，当然といえば当然のことであるが，平均は実際には観測されていない値になることが多い。特に離散型データの場合には，そもそもありえない値になることが多い。さきほどの3教科の平均点 76.3 点なども，1点刻みで採点しているので，現実にはありえない値である。

ところで，平均は全データの中心というよりも重心に当たる概念である。たとえば

$$x_i - \bar{x}, \quad i = 1, 2, \cdots, n$$

を平均$\bar{x}$からの**偏差**と呼ぶが，その総和は次に示すように 0 になる。

$$\sum_{i=1}^{n}(x_i-\bar{x}) = \sum_{i=1}^{n}x_i - \sum_{i=1}^{n}\bar{x} = n\bar{x} - n\bar{x} = 0$$

この性質の意味するところは，仮に各観測値に重さ 1 の分銅を割り当て，数直線にぶら下げたときに，平均の回りのモーメントは 0 になるということである。つまり，平均の所に支点があれば，この天秤はつり合うことになる。このことは，平均は全データの「重心」に当たるということを意味している。したがって，全データの「中心」に当たると考えると誤解を

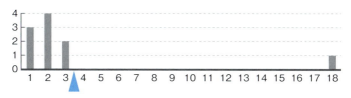

図 3.1　重心としての平均

生ずることがある。

たとえば，10 社から中間管理職 1 人ずつの計 10 人からなるグループで，「自分の直接の部下の数」について調べたところ，それぞれ 1 人，1 人，1 人，2 人，2 人，2 人，2 人，3 人，3 人，18 人だった。その平均は 35/10＝3.5 人になる。このとき偏差の総和は

$$(1-3.5)+(1-3.5)+(1-3.5)+(2-3.5)+(2-3.5)+(2-3.5)+$$
$$(2-3.5)+(3-3.5)+(3-3.5)+(18-3.5)$$
$$=(1+1+1+2+2+2+2+3+3+18)-3.5\times10$$
$$=0$$

となる。実際，10 人の「自分の直接の部下の数」を天秤で図示してみると，図 3.1 のような結果になる。

日本の企業では，ポスト不足から，直接の部下の数の少ない中間管理職が意外と多く，中には部下のいない「スタッフ管理職」もいる。実は，平均は少数の外れ値あるいは異常値に大きく影響を受けるので，そうした場合には，平均が集団を代表していると考えるには問題がある。この例では，1 人を除いて全員が平均を下回っており，直接の部下の数の分布を平均 3.5 で代表させると，嘘をつかれたような気分になる。

このように，一般に分布がゆがんでいる場合，算術平均のもつ意味については注意が必要になる。いま，比較のためにメディアンを考えよう。メディアン（median）は中央値，あるいは中位数とも言われ，データ x_1, x_2, $\cdots$, x_n を小さい値から順に並べたものを $x_{(1)}$, $x_{(2)}$, $\cdots$, $x_{(n)}$ とすると，メディアンはその中央の値ということになる。偶数個のデータの場合もあるので，メディアン M の定義は次のようになる。

$$M = \begin{cases} x_{(q+1)} & \cdots\cdots n = 2q+1 \quad (データの個数nが奇数) \\ \dfrac{x_{(q)} + x_{(q+1)}}{2} & \cdots\cdots n = 2q \quad (データの個数nが偶数) \end{cases}$$

図 3.1 の分布のメディアンは，10 個中，下から 5 番目のデータ「2 人」と 6 番目のデータ「2 人」の平均なので 2 人になる。これならまだ平均 3.5 人でこの分布を代表させるよりはましに感じる。一般に，

① 度数分布が左右対称ならば，$\bar{x} = M$
② 度数分布が左にゆがんでいるならば，$\bar{x} < M$ つまり，「平均よりも上の人が多い」。
③ 度数分布が右にゆがんでいるならば $\bar{x} > M$ つまり，「平均よりも下の人が多い」。

しかし，分布の形がゆがんでいるときや複数の峰をもつときに，平均であれ，メディアンであれ，その分布をたった 1 つの値で代表させようと考えること自体が適切ではない。

3.2 加重平均

加重平均の定義から先にしておこう。データ $x_1, x_2, \cdots, x_n$ に対して，ウェイト $w = (w_1, w_2, \cdots, w_n)$ による加重平均は

$$x_w = \frac{w_1}{\sum_{i=1}^n w_i} x_1 + \frac{w_2}{\sum_{i=1}^n w_i} x_2 + \cdots + \frac{w_n}{\sum_{i=1}^n w_i} x_n = \sum_{i=1}^n \frac{w_i}{\sum_{i=1}^n w_i} x_i$$

$$w_i \geqq 0, \ i = 1, \ 2, \ \cdots, \ n$$

と定義される。ただし，等ウェイト $w_1 = w_2 = \cdots\cdots = w_n$ のときは，

$$\frac{w_i}{\sum_{i=1}^n w_i} = \frac{w_1}{\sum_{i=1}^n w_1} = \frac{w_1}{nw_1} = \frac{1}{n}$$

なので,加重平均は算術平均と同じになる。つまり,算術平均というのは,ウェイトが等しい加重平均のことなのである。

この定義だけでは一体何の目的のために加重平均を使うのかがよくわからないだろう。しかし実は,加重平均は暗黙のうちに多用されているのである。たとえば,ある会社の全正社員対象の質問票調査で,職種別に,男性正社員と女性正社員の数を調べ,表3.1 (A) を得たとしよう。男性比率は

$$\text{男性比率} = \frac{\text{男性社員数}}{\text{男性社員数} + \text{女性社員数}}$$

で定義される。職種別の男性比率を計算することは簡単で,表3.1 (A) の行ごとに計算すればよく,結果は表の右端の列に示してある通りである。実は,仕事内容からくる制約もあって,倉庫と営業には女性社員がいない

表3.1 男性比率

(A)

	男 性	女 性	男性比率
配 送	431	223	65.9%
倉 庫	134	0	100.0%
営 業	69	0	100.0%
事 務	402	53	88.4%
全 体	1036	276	79.0%

(B)

	男 性	女 性	男性比率
1	x_1	y_1	z_1
2	x_2	y_2	z_2
⋮	⋮	⋮	⋮
n	x_n	y_n	z_n
全 体	x_w	y_w	z_w

ので男性比率は 100% になっている。それでは，全体の男性比率は，どうやって計算するだろうか？ 職種別の男性比率，65.9%，100.0%，100.0%，88.4% の算術平均は 88.6% なのだが，そのような計算をする人はおそらくいないだろう。ほとんどの人が，迷わずに，全体の社員数を使って

$$\frac{1036}{1036+276} = 0.790$$

と計算して，79.0% だと答えるはずである。実は，この 79.0% が職種別の男性比率を社員数で加重した平均になっているのである。

もう少し一般的に，表 3.1（B）のような記法を用いると，

$$\begin{aligned}\frac{y_w}{x_w} &= \frac{y_1+y_2+\cdots+y_n}{x_1+x_2+\cdots+x_n} = \frac{y_1+y_2+\cdots+y_n}{\sum_{i=1}^n x_i}\\ &= \frac{x_1}{\sum_{i=1}^n x_i}\cdot\frac{y_1}{x_1} + \frac{x_2}{\sum_{i=1}^n x_i}\cdot\frac{y_2}{x_2} + \cdots + \frac{x_n}{\sum_{i=1}^n x_i}\cdot\frac{y_n}{x_n}\\ &= \frac{x_1}{\sum_{i=1}^n x_i}\cdot z_1 + \frac{x_2}{\sum_{i=1}^n x_i}\cdot z_2 + \cdots + \frac{x_n}{\sum_{i=1}^n x_i}\cdot z_n\\ &= z_w\end{aligned}$$

となる。

いまの例がわかりやすかったが，要するに加重平均とは，全体を 1 つの集団と考えたときの平均なのである。

一般に，m 組のデータを込みにした全データの平均は各組の平均をサイズによって加重平均したものとなる。

つまり，いまグループ k の i 番目のデータを x_{ki} で表すと，

$$\begin{aligned}\bar{x} &= \frac{1}{n}\left(\sum_{i=1}^{n_1} x_{1i} + \sum_{i=1}^{n_2} x_{2i} + \cdots + \sum_{i=1}^{n_m} x_{mi}\right)\\ &= \frac{n_1}{n}\left(\frac{1}{n_1}\sum_{i=1}^{n_1} x_{1i}\right) + \frac{n_2}{n}\left(\frac{1}{n_2}\sum_{i=1}^{n_2} x_{2i}\right) + \cdots + \frac{n_m}{n}\left(\frac{1}{n_m}\sum_{i=1}^{n_m} x_{mi}\right)\\ &= \frac{n_1}{n}\bar{x}_1 + \frac{n_2}{n}\bar{x}_2 + \cdots + \frac{n_m}{n}\bar{x}_m\end{aligned}$$

となる。

3.3 度数分布表から求める全体の平均

ところで，表3.2で，グループ1，2，…，mは，カテゴリーでもいいし，階級でもいいのである。たとえば，表3.3の年齢構成表のように。

したがって，この考え方は，量的データの度数分布表からの全データの平均の算出に適用することができる。この会社の年齢構成の度数分布表から全体の平均，つまりこの会社の平均年齢を近似的に求める場合には，こ

表3.2 グループのサイズと平均

グループ	サイズ	平　均
1	n_1	$\bar{x}_1$
2	n_2	$\bar{x}_2$
⋮	⋮	⋮
m	n_m	$\bar{x}_m$
全　体	n	$\bar{x}$

表3.3 年齢構成表

年　齢	度　数
18歳～19歳	4
20歳～24歳	34
25歳～29歳	145
30歳～34歳	212
35歳～39歳	268
40歳～44歳	246
45歳～49歳	205
50歳～54歳	146
55歳～59歳	52
計	1312

の加重平均が使われる。

ただし，ここで問題になるのが，各階級での平均，階級値（class value）なのである。階級の境界 a_i, b_i さえわかっていれば，階級値 m_i は次の定義のようにいたって簡単に計算できる。

$$m_i = \frac{a_i + b_i}{2}$$

では階級「18～19歳」の階級値は 18.5 歳か？ 実は，これから見ていくように，19 歳なのである。つまり，実際に計算しようとして，われわれが無意識に間違いを犯し，問題となるのは階級の境界なのである。階級の境界 a_i, b_i については変数とその観測値の性質を考慮することが必要になる。

(a) 離散変数のデータの場合には，たとえば，階級「50 点以上～55 点未満」は，実際には「50 点以上～54 点以下」の整数値，50 点，51 点，52 点，53 点，54 点のことであり，54 点より大きく 55 点未満の点数はとりようがない。したがって，50 点，51 点，52 点，53 点，54 点に均等に分布する一様分布を仮定すると，図 3.2 のようになり，これからも明らかなように，平均は 52 点となるわけである。同様に，この階級の階級値もやはり，次のように 52 点となる。

$$\frac{50 + 54}{2} = 52 \text{ 点}$$

(b) 端数切捨てによって得た連続変数のデータの場合。たとえば，「満年齢 50 歳」は満年齢 50 歳以上 51 歳未満のことなので，階級「50 歳～54 歳」とは，階級「50 歳以上～55 歳未満」のことであり，その階級値は次のように 52.5 歳となる。

$$\frac{50 + 55}{2} = 52.5 \text{ 歳}$$

ということは，階級「18 歳～19 歳」の場合は「18 歳以上～20 歳未満」ということになり，階級値は (18+20)/2=19 歳。なんと見

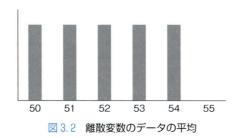

図 3.2 　離散変数のデータの平均

掛け上の上の境界と一致してしまうのである。

(c) 四捨五入によって得た連続変数のデータの場合。たとえば，「体重 50kg」というのは，実際には，「49.5kg 以上〜50.5kg 未満」のことなので，階級「50kg 以上〜55kg 未満」は，実際には「49.5kg 以上〜55.5kg 未満」を意味している。つまり，0.5kg 下方にシフトしていたはずのものなのである。したがって，階級「50kg 以上〜55kg 未満」の階級値は次のように 52.5kg となる。

$$\frac{49.5 + 55.5}{2} = 52.5\text{kg}$$

つまり，不注意に階級値を計算すれば，平均年齢や平均体重，平均点がそれぞれ 0.5 歳，0.5kg あるいは 0.5 点もずれて結論を出してしまうのである。細かいことのようでも，階級値が 0.5 ポイントずれるということは無視できない大きさである。先ほどの度数分布表から求めた正しい平均年齢は 40.1 歳であるが，見掛け上の階級の境界で階級値を間違って計算してしまうと，39.6 歳となる。0.5 歳の違いとはいえ，平均年齢が 30 代か 40 代かではかなり印象も変わってくる。

3.4 分散

度数分布が左右対称で，したがって平均とメディアンが等しいときでも，A～Dの4つの分布の形は明らかに異なり，そのことは図3.3のように棒グラフを作るとはっきりする。

4つの分布はいずれも左右対称で，その平均は2である。しかし，分布の形は明らかに異なっている。これは実は分布の散らばっている程度（逆に言えば，分布のかたまっている程度）が異なっているからである。その程度を表す代表的なものが分散である。

データ $x_1, x_2, \cdots, x_n$ の分散（variance）は次のように定義される。

$$s_x^2 = \frac{\sum_{i=1}^{n}(x_i - \bar{x})^2}{n}$$

ここで，この式の分子は平方和（sum of squares）または変動と呼ばれる。

たとえば，図3.3のCの場合は

$$s_x^2 = \frac{(1-2)^2 + 7(2-2)^2 + (3-2)^2}{9} = \frac{2}{9} = 0.222\cdots$$

となる。

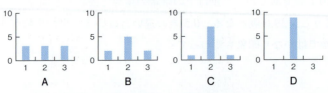

図3.3 平均が等しくて，分散の異なる分布

分散はこのように偏差平方和を用いているので，その単位は観測値の単位，つまり変数の測定単位の 2 乗である。そこで，観測値と同一の単位にするために分散の正の平方根をとった標準偏差も広く利用される。いまの図 3.3 の C の場合の標準偏差は $\sqrt{2/9} = \sqrt{2}/3 = 0.4714\cdots$ となる。きちんと定義しておけば，標準偏差（standard deviation）は

$$s_x = \sqrt{s_x^2}$$

となる。

　任意の定数 a, b に対して，$ax+b$ の分散は

$$s_{ax+b}^2 = \frac{1}{n}\sum_{i=1}^{n}(ax_i + b - \overline{(ax+b)})^2 = \frac{1}{n}\sum_{i=1}^{n}(ax_i + b - (a\bar{x}+b))^2$$
$$= \frac{1}{n}\sum_{i=1}^{n}a^2(x_i - \bar{x})^2 = a^2 s_x^2$$

となる。つまり，次のような性質がある。

$$s_{ax+b}^2 = a^2 s_x^2$$

　以上のように，分散は分布の散らばっている程度を表しているが，測定単位が異なるデータ（たとえば m 表記のデータと cm 表記のデータ）の散らばり具合を比較するには適さない。その場合には付録 3-3 の変動係数が用いられる。

3.5　正規分布と標準得点

　正規分布（normal distribution）は，ガウス（C. F. Gauss, 1777–1855）が天文観測データの測定誤差の研究から誤差理論を確立した際の誤差関数（error function）が原型となったものである。そのため，正規分布のことをガウス分布（Gaussian distribution）ということもある。

　平均 μ，分散 σ^2 の正規分布は $N(\mu, \sigma^2)$ で表す。ギリシャ文字 μ は

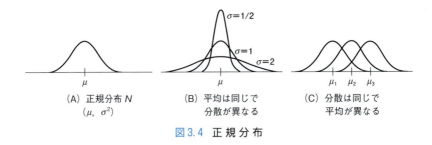

図3.4　正規分布

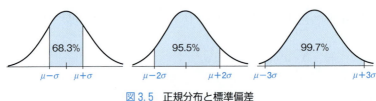

図3.5　正規分布と標準偏差

「ミュー」，σは「シグマ」と読む。

図3.4では様々な正規分布の形を描いているが，正規分布 $N(\mu, \sigma^2)$ は平均 μ を中心にして左右対称の均整のとれたベル型をしている。平均 μ で最大値 $1/(\sqrt{2\pi}\sigma)$ をとり，$\mu\pm\sigma$ が変曲点となっている。分散 σ^2 の値が大きくなると，分布が全体的に平べったく広がり（図3.4 (B)），平均 μ の値が変わると，分布全体が左右に平行移動する（図3.4 (C)）という性質がある。

にもかかわらず，確率変数 X が正規分布 $N(\mu, \sigma^2)$ にしたがえば，たとえば次のようなことがわかっている。

$$Pr(\mu-\sigma \leqq X \leqq \mu+\sigma) = 0.683$$
$$Pr(\mu-2\sigma \leqq X \leqq \mu+2\sigma) = 0.955$$
$$Pr(\mu-3\sigma \leqq X \leqq \mu+3\sigma) = 0.997$$

これを図示すると，図3.5のようになる。

このことは非常に重要なことである。母集団の相対度数分布を正規分布で近似できるような場合，その母集団を「正規母集団」と呼ぶが，この正規分布の平均 μ と分散 σ^2 がわかれば，たとえば，区間 $[\mu-\sigma, \mu+\sigma]$ には 68.3%，区間 $[\mu-2\sigma, \mu+2\sigma]$ には 95.5%，区間 $[\mu-3\sigma, \mu+3\sigma]$ には実に全体の 99.7% が属していることがわかるのである。したがって，正規分布は左右対称だから，当然，区間 $(-\infty, \mu-2\sigma]$ と区間 $[\mu+2\sigma, \infty)$ にはともに $(100-95.5)/2=2.25\%$ が属しているというようなこともわかる。

これは，別に標準偏差 σ の整数倍に限ったことではなく，ある値 x が平均 μ から標準偏差 σ の何倍離れているのかさえわかれば，x 以上が何%いて，x 以下が何%いるかがわかるということである。そこでいま変数 x を次のように変数 z に変換することを考えてみよう。これを標準化 (standardization) という。

$$z = \frac{x - \bar{x}}{s_x}$$

この z は標準得点 (standard score) または z 得点 (z-score) と呼ばれる。この標準得点については，定義より，

$$\bar{z} = \frac{\bar{x} - \bar{x}}{s_x} = 0$$

$$s_x^2 = \frac{s_x^2}{s_x^2} = 1$$

つまり，標準得点 z の平均は 0，標準偏差は 1 という性質がある。言い換えれば，平均 0，標準偏差 1（分散も 1）の変数に変換することが「標準化」なのである。したがって，標準得点は平均 0，分散 1 の正規分布 $N(0, 1)$ にしたがうことになる。この $N(0, 1)$ は標準正規分布と呼ばれる。

母集団が正規分布をしていると考えられる場合には，各得点の分布全体の中での位置を知るためには，この標準得点が強力な方法となる。つまり，

標準得点が z だということは，標準化する前のもとの値が，平均から標準偏差の z 倍離れているということを示している。したがって，標準得点はそれだけで全体の中での位置（たとえば，上位○○％，上から○番目くらい）の情報をもたらしてくれるのである。

たとえば，いまある人が自分の標準得点 $z=2$ であることがわかれば，標準得点 $z=2$ 以上の者は全体の $(100-95.5)/2=2.25\%$ になるので，自分が上位 2.25％ にいることがわかる。仮に総受験者数が 10,000 人であったなら，自分は上から 225 番前後であることまでわかってしまう。

考えてみると，通常は順位を知るためには，全個体を得点順に並べ直してみなくてはいけないはずなのに，それをしなくても，平均と標準偏差（あるいは分散）さえわかれば，標準得点を計算してやることで，全体の中でのおおよその位置を知ることができるのである。その意味で，標準得点は強力である。

試験結果の通知などによく用いられる「偏差値」(deviation score) は，1957 年に，当時，東京・城南中学校で理科を教えていた桑田昭三教諭によって考案されたものであるが，標準化された変数 z から次のように計算される。

$$\text{偏差値} = 50 + 10z$$

つまり，偏差値は平均 50，標準偏差 10 となるように点数を変換したものである。したがって，標準得点と同様に，全体の中での位置の情報をもたらしてくれることになる。

実際，試験の点数に限らず，母集団分布に正規分布を仮定することが一般的に行われている。たとえば，身長や測定誤差の分布など，正規分布で表せる分布が多い。その他にも，たとえば，所得は対数をとると正規分布で表せることが知られているが，このように適当な変数変換を施すと，正規分布で表せるものが多いということも知られている。

● 演習問題

1. 図 3.3 の棒グラフのもとになった次の 4 種類のデータについて，それぞれ平均，分散，標準偏差を計算しなさい。

$$A: 1, 1, 1, 2, 2, 2, 3, 3, 3$$
$$B: 1, 1, 2, 2, 2, 2, 2, 3, 3$$
$$C: 1, 2, 2, 2, 2, 2, 2, 2, 3$$
$$D: 2, 2, 2, 2, 2, 2, 2, 2, 2$$

2. 総受験者数 10,000 人の全国統一模擬試験では，試験の点数は正規分布をしていた。偏差値 30 の人，偏差値 80 の人の順位を概数でいいので，それぞれ求めなさい。

付録3-1　幾何平均

サイズ n のすべて正のデータ $x_1, x_2, \cdots, x_n$ の幾何平均（geometric mean）G は

$$G = \sqrt[n]{x_1 \cdot x_2 \cdot \cdots \cdot x_n} = \left(\prod_{i=1}^{n} x_i\right)^{1/n}$$

で定義される。この幾何平均は時系列的に得られた変化の比率を平均する場合などに用いられる。ギリシャ文字 Π は「パイ」と読む。

たとえば，ある企業の3年間の売上高の対前年伸び率が，20％，25％，20％だったとき，この3年間の年平均の売上高伸び率は次のように幾何平均で求められる。

$$G = \sqrt[3]{1.20 \cdot 1.25 \cdot 1.20} = \sqrt[3]{1.80} \approx 1.216$$

つまり，毎年同じ伸び率 G で売上高が伸びているとすると，3年で売上高は G^3 倍になる。実際には3年で売上高が $1.20 \cdot 1.25 \cdot 1.20 = 1.80$ と1.8倍になっているので，$G^3 = 1.8$ になるような G を年平均の伸び率として考えているのである。

しかし，この3年で1.8倍の例からもわかるように，幾何平均では結果的に途中の数字の動向はすべて計算に入らないことになる。このことを知らずにデータを集めると，せっかく集めたデータが生かされないケースも起こりうる。たとえば，調査で，ある企業の売上高が，当初100億円で，続く3年間で120億円，150億円，180億円と伸びたことがわかったとしよう。このとき，3年間の対前年売上高伸び率 120/100（=1.20），150/120（=1.25），180/150（=1.20）の幾何平均は

$$G = \sqrt[3]{\frac{120}{100} \cdot \frac{150}{120} \cdot \frac{180}{150}} = \sqrt[3]{\frac{180}{100}} = \sqrt[3]{1.8} \approx 1.216$$

となる。しかし，この式をよく見ると，幾何平均の計算の途中で，分子分母が互いに消去されるので，結局のところ，幾何平均 G は最初と最後の売

上高100億円と180億円しか反映していないことがわかる．つまり，未知数 a, b を含んだ次の式でも十分なのである．

$$G = \sqrt[3]{\frac{a}{100} \cdot \frac{b}{a} \cdot \frac{180}{b}} = \sqrt[3]{\frac{180}{100}} = \sqrt[3]{1.8} \approx 1.216$$

このことは，逆に非常に長期にわたる，たとえば50年間の平均の売上高伸び率であっても，実は，幾何平均を使う限りは，最初の年と最後の年の売上高データさえあれば，途中のデータがごっそり抜けていても計算できるということになる．

ところで，両辺の対数をとると，幾何平均の対数は，観測値を対数に変換したときの算術平均に等しいので，Excelなどで使うときに便利である．

$$\log G = \frac{1}{n}(\log x_1 + \log x_2 + \cdots + \log x_n) = \frac{1}{n}\sum_{i=1}^{n} \log x_i$$

付録 3-2　Σ 記号の用法

Σ 記号は総和を表す記号である。

$$\sum_{i=1}^{n} x_i = x_1 + x_2 + x_3 + \cdots + x_{n-1} + x_n$$

の意味で，x_i の添え字 i の値が 1 から n まで 1 ずつ変化させて x_i について総和をとることを意味している。いま $x_1=1$, $x_2=3$, $x_3=5$, $x_4=7$, $x_5=9$ であれば，

$$\sum_{i=1}^{5} x_i = x_1 + x_2 + x_3 + x_4 + x_5 = 1 + 3 + 5 + 7 + 9 = 25$$

ということになる。ただし，i は添え字でなくてもよくて，

$$\sum_{i=1}^{5} i = 1 + 2 + 3 + 4 + 5 = 15$$

のような使い方もできる。あるいは，次のように i を含まない定数でも総和をとれる。

$$\sum_{i=1}^{n} a = a + a + a + \cdots + a + a = na$$

定数が頭についている場合には，次のような公式も成り立つ。

$$\sum_{i=1}^{n} ax_i = ax_1 + ax_2 + \cdots + ax_n = a(x_1 + x_2 + \cdots + x_n) = a\sum_{i=1}^{n} x_i$$

さらに，次のような公式も成り立つ。

$$\begin{aligned}\sum_{i=1}^{n} (ax_i + by_i) &= (ax_1 + by_1) + (ax_2 + by_2) + \cdots + (ax_n + by_n) \\ &= a(x_1 + x_2 + \cdots + x_n) + b(y_1 + y_2 + \cdots + y_n) \\ &= a\sum_{i=1}^{n} x_i + b\sum_{i=1}^{n} y_i\end{aligned}$$

2重の添え字も使うことができる。2重の添え字で表される数列 x_{ij} ($i=1$, 2, $\cdots$, m ; $j=1$, 2, $\cdots$, n)

$$
\begin{array}{cccc}
x_{11} & x_{12} & \cdots\cdots & x_{1n} \\
x_{21} & x_{22} & \cdots\cdots & x_{2n} \\
\vdots & & & \vdots \\
x_{m1} & x_{m2} & \cdots\cdots & x_{mn}
\end{array}
$$

の総和は，総和記号を2つ用いれば，次のように表現できる。

$$\sum_{i=1}^{m}\sum_{j=1}^{n}x_{ij} = \sum_{j=1}^{n}\sum_{i=1}^{m}x_{ij}$$

両辺は，足し合わせる順番が違うだけなので等しい。

付録 3-3　変 動 係 数

　分布の散らばっている程度を表すものとして分散や標準偏差を考えたが，実は分散や標準偏差では分布の散らばり具合を形式的に比較できないような場合もある。そのようなときには，**変動係数**（coefficient of variation）

$$C.V. = \frac{s_x}{\bar{x}} \times 100$$

が用いられる。変動係数はこの定義のように％で表すことが多い。

　具体的には，変動係数は観測値がすべて正のとき，次のようなケースで相対的な散らばり具合を比較するのに用いられる。

　測定単位の異なるデータ（ただし，m と cm のように原点の一致している測定単位）を比較する場合に用いられる。このとき，平均と標準偏差は同じ単位なので，変動係数は単位の付かない無名数になり，比較が可能になる。

　つまり，$y_i = ax_i$, $i=1, 2, \cdots, n$, $a>0$ とおいても

$$\frac{s_y}{\bar{y}} \times 100 = \frac{as_x}{a\bar{x}} \times 100 = \frac{s_x}{\bar{x}} \times 100$$

となるので，変動係数は変わらないという性質を使っているのである。

　たとえば，地域間県民所得格差のデータによると，1965 年の平均所得が 26.6 万円，標準偏差が 7.5 万円，1975 年の平均所得が 117.5 万円，標準偏差が 23.8 万円であった。標準偏差だけを見ると，1965 年の方が圧倒的に小さい。しかし，1975 年は 1965 年に比べて，平均所得は約 4.5 倍，標準偏差は約 3 倍となっており，相対的な地域間所得格差は 1975 年の方が小さくなっているといってよさそうだ。このように，測定単位が同じであっても中心の位置が著しく異なるデータの場合には，変動係数が用いられる。変動係数はこの事実を示す指標なのである。1965 年の変動係数は 28.2，1975 年の変動係数は 20.3 となり，確かに，1975 年の方が変動係数は小さくなる。

第4章
平均値の差の検定

4.1 2群の平均値の差の検定：t検定

いま，企業に対する標本調査を行い，標本について，男女別に平均年齢を求めてみると，男子従業員の平均年齢は 38.2 歳，女子従業員の平均年齢は 28.8 歳であったとしよう。実に 10 歳近くも差があるわけだが，この平均年齢をもって，今回の調査企業では，男女の平均年齢には差があると結論してもよいものだろうか。

ひょっとすると，母集団では男女の平均年齢には差がないのに，標本誤差のために，今回の標本では平均年齢に差が出てしまったのかもしれない。もっとも，常識的に考えて，母集団では差のなかったものが，標本誤差だけで，10 歳も差が出るとは考えにくい。その「10 歳も差が出るとは考えにくい」という程度を確率を使って表現して吟味しようというのが，平均値の差の検定である。2 群の平均値の差の検定は，通称「t 検定」(t-test) としてよく知られているものである。母集団のもっている分布を母集団分布と呼ぶが，母集団からランダムに標本サイズ m の標本 ($X_1, X_2, \cdots, X_m$) を選ぶと，各 X_i はこの母集団分布に従う確率変数であると考えられる。母集団分布が平均 μ_1，分散 σ_1^2 の正規分布 $N(\mu_1, \sigma_1^2)$ で近似される場合，そこから抽出された一群 ($X_1, X_2, \cdots, X_m$) の標本平均

$$\bar{X} = \frac{X_1 + X_2 + \cdots + X_m}{m}$$

は正規分布 $N(\mu_1, \frac{\sigma_1^2}{m})$ にしたがうことが知られている。

いま，もう一つの母集団から標本抽出された一群（$Y_1, Y_2, \cdots, Y_n$）についても別個に計算した標本平均を

$$\bar{Y} = \frac{Y_1 + Y_2 + \cdots + Y_n}{n}$$

とすると，母集団分布が $N(\mu_2, \sigma_2^2)$ で近似されるとき，同様に，Y は正規分布 $N(\mu_2, \frac{\sigma_2^2}{n})$ にしたがうことになる。いま仮に，母分散 σ_1^2，σ_2^2 が既知であれば，各群の標本平均だけではなく，2群の標本平均の差 $X-Y$ も正規分布 $N(\mu_1-\mu_2, \frac{\sigma_1^2}{m} + \frac{\sigma_2^2}{n})$ にしたがうことがわかっている。

いま仮説として「2群の母平均が等しい」つまり，

$$H_0 : \mu_1 = \mu_2$$

を立てる。母集団における2群の平均 μ_1，μ_2 が等しいかどうかを調べることは，2群の平均の差，$\mu_1-\mu_2$ が0に等しいかどうかを調べることと同じである。この仮説の下での $X-Y$ の標本分布は $N(0, \frac{\sigma_1^2}{m} + \frac{\sigma_2^2}{n})$ にしたがうことがすぐにわかる。つまり，標準化すると

$$Z = \frac{\bar{X} - \bar{Y}}{\sqrt{\dfrac{\sigma_1^2}{m} + \dfrac{\sigma_2^2}{n}}}$$

が正規分布 $N(0, 1)$ にしたがうことになる。（標本における記述統計としての度数分布を考えて「標準化」しているのではなく，標本平均の分布を考えて，標本平均を「標準化」しているのである。）

しかし，一般には，母分散は未知でわからない。そこで，母分散の代わりに，不偏標本分散を使うことを考えよう。

ここで，不偏分散（unbiased variance）と呼ばれるのは，その期待値が母分散に一致するからである。母分散の代わりに標本分散を使うことで，分布は正確には正規分布ではなくなってしまう。正規分布と似た形をした t 分布あるいはステューデント（Student）の t 分布と呼ばれる分布になるのである。このことは，ゴセット（William Gosset，1876-1937）に

よって見いだされたもので，ステューデントとはギネスビールの社員だったゴセットが論文を書く際に使ったペンネームである．t分布は，標準正規分布 $N(0, 1)$ と同様に平均0について左右対称で，自由度kが大きい場合には，標準正規分布 $N(0, 1)$ とほとんど変わらない．特に$k=\infty$のときは，標準正規分布 $N(0, 1)$ と一致する．

こうしたことがわかっているので，標本分散を使うには次の2つのケースが考えられる．

(a)　母分散 σ_1^2, σ_2^2 が未知ではあるが，等しいとき

このとき，標本2群を合併して計算した合併した分散（pooled variance）

$$s^2 = \frac{\sum_{i=1}^{m}(X_i - \bar{X})^2 + \sum_{j=1}^{n}(Y_j - \bar{Y})^2}{m+n-2}$$

を考えると，σ_1^2, σ_2^2 の代わりにs^2を代入した確率変数

$$T = \frac{\bar{X} - \bar{Y}}{\sqrt{\frac{s^2}{m} + \frac{s^2}{n}}}$$

が自由度$m+n-2$のt分布$t(m+n-2)$にしたがうことがわかっている．したがって，標本平均の差が，実際に観測された値t以上となる確率

$$Pr(T > |t|) = \alpha$$

を計算して求めることができる（通常は，このようにtの絶対値$|t|$を使った「両側検定」で有意確率を計算する）．つまり，標本平均の差がこれだけ大きな値tをとる確率は，定義から，$100\alpha\%$ しかないことになる．

既に述べたように，統計学では，通常この有意確率が5% 未満のとき，もし仮説が正しければ，標本平均の差がこれだけ大きい値をとることはめったに起きないことだと判断する．したがって，標本から求めたtの値という事実から，母集団についての仮説 $H_0: \mu_1 = \mu_2$ は棄却されることになる．つまり，仮説は正しくなく，母平均は等しくないと判断するのであ

る.

　逆に，もしこの有意確率が 5% 以上のときは，母集団についての仮説 $H_0: \mu_1 = \mu_2$ が正しくても，この程度の t の値は標本誤差として標本抽出上ありうることと考え，仮説は採択される．つまり，母平均は等しいと判断するのである．

(b)　母分散 σ_1^2, σ_2^2 が未知であり，等しいとは限らないとき

　この場合は，$\bar{X} - \bar{Y}$ の正確な標本分布を求めることはできない．近似的に求める方法として，ウェルチの近似法が知られている．各群での標本分散を

$$s_1^2 = \frac{\sum_{i=1}^{m}(X_i - \bar{X})^2}{m-1}, \quad s_2^2 = \frac{\sum_{j=1}^{n}(Y_i - \bar{Y})^2}{n-1}$$

とすると，確率変数

$$T = \frac{\bar{X} - \bar{Y}}{\sqrt{\dfrac{s_1^2}{m} + \dfrac{s_2^2}{n}}}$$

が近似的に，自由度が

$$\nu = \frac{\left(\dfrac{s_1^2}{m} + \dfrac{s_2^2}{n}\right)^2}{\dfrac{\left(\dfrac{s_1^2}{m}\right)^2}{m-1} + \dfrac{\left(\dfrac{s_2^2}{n}\right)^2}{n-1}}$$

にもっとも近い整数 ν^* の t 分布 $t(\nu^*)$ にしたがうことが知られている．

4.2 分散比の検定

それでは，2群の母分散が等しいかどうかは，何を基準に判断すればよいのだろうか。それには，仮説として「2群の母分散が等しい」つまり，

$$H_0 : \sigma_1^2 = \sigma_2^2$$

を立てる。いま，この仮説 $H_0 : \sigma_1^2 = \sigma_2^2$ が正しければ，母分散比（variance ratio）

$$\frac{\sigma_1^2}{\sigma_2^2} = 1$$

となっているはずである。しかし，実際に観測された標本分散比は通常は1にはならない。問題は観測された標本分散比の値が1からずれた分を標本誤差と考えてしまってよいか，それとも，標本誤差では考えにくい（つまり，確率的には起こりそうもない）かということである。

実は母分散比が1のとき，標本分散比

$$F = \frac{s_1^2}{s_2^2}$$

が自由度 $(m-1, n-1)$ の F 分布 $F(m-1, n-1)$ にしたがうことが知られている。そこで，この標本分散比を使って，その確率を計算して求めることができる。実際には，s_1^2 と s_2^2 の大きい方 $\max\{s_1^2, s_2^2\}$ を分子，小さい方 $\min\{s_1^2, s_2^2\}$ を分母にとることで，

$$F' = \frac{\max\{s_1^2, s_2^2\}}{\min\{s_1^2, s_2^2\}}$$

と1未満の値をとらないように定義された，折り重ね形式の F 統計量（folded F statistics）と呼ばれるものを使って，$Pr(F' > f') = \alpha$ を計算することになる。この確率が計算できると，標本分散比が1からこれだけはず

れた値 f' をとる確率が $100\alpha\%$ であることがわかる。

統計学では，通常この有意確率が 5% 未満のとき，もし仮説が正しければ，標本分散比が 1 からこれだけはずれた値をとることはめったに起きないことだと判断する。したがって，標本から求めた標本分散比 f' の値という事実から，母集団についての仮説 $H_0 : \sigma_1^2 = \sigma_2^2$ は棄却されることになる。つまり，母分散は等しくないと判断するのである。

逆に，もしこの有意確率が 5% 以上のときは，母集団についての仮説 $H_0 : \sigma_1^2 = \sigma_2^2$ が正しくても，この程度の標本分散比 f' の値は標本誤差として標本抽出上ありうることと考え，仮説は採択される。つまり，母分散は等しいと判断するのである。

4.3　2 群の平均値の差の検定の手順

以上の 4.1，4.2 のような事情から，2 群の平均値の差の検定は，次のような手順で行うことが標準的とされている。SPSS や SAS のような統計パッケージでは，特に細かい指定をしなくても，次の 2 ステップが自動的に実行され，結果が示されるが，Excel でもステップを踏めば同様の検定を行うことができる。

《ステップ 1　分散比の F 検定》　2 群——配列 1 と配列 2——のまずは分散比の F 検定を行う。これには Excel では，関数 FTEST が用いられる。この関数は FTEST（配列 1，配列 2）で，配列 1 と配列 2 の分散比の検定を行い，その有意確率が返される関数である。この有意確率が 0.05（5%）以上であれば，(a) 2 群の母分散は等しいと判断する。有意確率が 0.05（5%）未満であれば，(b) 2 群の母分散は異なると判断する。

《ステップ 2　平均値の差の t 検定》　Excel では，関数 TTEST が用いられる。この関数は TTEST（配列 1，配列 2，検定の指定，検定の種類）で，検定の種類には，ステップ 1 の判断で，(a) 母分散が等しいと判断したときは 2，(b) 母分散は等しくないと判断した時は 3 を入力する。

検定の指定には，通常は 2（両側検定）を入力する。

【例題】 下のデータは，経済学部のある科目の試験の答案から 80 枚をくじ引き的に抽出して，受験者の所属学部とその点数を調べたものである。所属学部ごとの平均点を求め，平均値の差の検定を行いなさい。そこからどんなことがいえるのか。

```
経済学部
99  76  89  80  74    89  73  57  71  92
63  90  52  74  86    73  90  86  88  99
62  72  74  71  73    64  60  61  52  73
59  40  75  61  61    89  71  64  69  73
82  77  67  84  57

他学部
82  62  54  70  83    67  80  65  92  70
77  52  76  55  45    75  67  62  86  43
59  57  60  56  50    44  60  54  56  78
62  82  73  69  61
```

Excel を使ってやってみよう。まず関数 AVERAGE を使って，80 人全員の平均を求めると 69.7 点，経済学部の学生 45 名と他学部 35 名の学生の平均値をそれぞれ求めると 73.2 点と 65.3 点になる（小数点第 2 位以下は四捨五入）。経済学部の学生の方が，8 点近く平均値が高い。

そこで《ステップ 1　分散比の F 検定》を関数 FTEST を使って行ってみると，有意確率は 0.789828 で 5% よりもはるかに大きく統計的に有意ではないので，経済学部の学生と他学部の学生の母分散は等しいと判断する。そこで，《ステップ 2　平均値の差の t 検定》で，関数 TTEST の検定の種類を 2 として有意確率を求めると，0.008199 となり，1% 水準で有意となる。つまり経済学部の学生の方が他学部の学生より平均点が 1% 水準で有意に高かったことになる。

表 4.1 成績分布

(A)

	経済学部	他学部	計
優	14	6	20
良	15	7	22
可	10	10	20
不可	6	12	18
計	45	35	80

(B)

	検索条件		経済学部	他学部	計
優	>79		14	6	20
良	>69	<80	15	7	22
可	>59	<70	10	10	20
不可		<60	6	12	18
計			45	35	80

ちなみに，平均値の差の検定で t 値を表記することはめったにないので，通常は必要ないが，Excel で t 値を求めるには，関数 TINV に確率 0.008199 と自由度 $80-2=78$ を入れて，t 値 2.713108 を求めることになる。

この試験の点数を，規定通りに 80 点以上は「優」，70 点以上 80 点未満は「良」，60 点以上 70 点未満は「可」，60 点未満は「不可」として集計して棒グラフにすると表 4.1 (A)，図 4.1 のようになる。確かに経済学部の学生の方が良い成績をとっていることがわかる。ここで表 4.1 (A) を作成する際には Excel で関数 COUNTIFS を用いている。この関数は，検索条件範囲と検索条件を指定すると，該当するセルの個数をカウントしてくれるもので，参考のために，表 4.1 (B) には青く網掛けした部分に検索条件も示している。

たとえば，表 4.1 (B) の網掛けした部分の「優」の検索条件「>79」が Excel のセル F16 に書いてあり，検索条件範囲の「経済学部」の学生の点数がセル B5 からセル B49 までに書いてあるとすると，

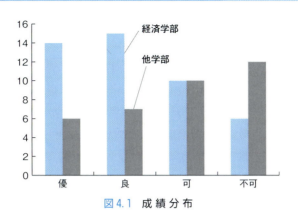

図4.1 成績分布

COUNTIFS（B5：B49, F16）

と指定すれば「経済学部」で「優」の学生の数は14人とカウントされ，その結果が表示される。「良」の場合には検索条件範囲は同じB5：B49だが，検索条件は「>69」がセルF17に，「<80」がセルG17に書いてあれば，

COUNTIFS（B5：B49, F17, B5：B49, G17）

と指定すれば「経済学部」で「良」の学生の数は15人とカウントされ，その結果が表示される。網掛け部分を使わない場合，あるいは網掛け部分のない表4.1（A）から直接カウントする場合には，検索条件「>69」と「<80」をそれぞれ" "で囲んで，直接，関数に書きこんでもいい。

COUNTIFS（B5：B49, ">69", B5：B49, "<80"）

4.4 k群の平均値の差の検定:分散分析

2群の平均値の比較をしたように,3群,4群,5群,……(これを一般に「k群」と呼ぶ)の平均値の比較もできないだろうか。いま表4.2のようなk群のデータが得られ,それぞれの群での平均値が計算できたとしよう。

実は,2群の平均値の差の検定を単純にk群に拡張しようとしても,k群の平均値の差の検定を想像することは難しい。そこで,k群の平均値の差の検定で用いられる分散分析の考え方について,簡単に説明しておこう。

分散分析の考え方は,簡単にいえば,群が (i) 各群の中では同質的だが(つまり各群内では分散が小さいが),(ii) 群同士は異質(各群の平均値の分散が大きい)になるように,k群がグループ分けされていることを確認しようとするものである。

その際には,平方和に関する便利な公式が利用される。それは,**全平方和**

$$S = \sum_{i=1}^{k} \sum_{j=1}^{n_i} (X_{ij} - \bar{X})^2$$

は**群内平方和**(within samples sum of squares)の和と**群間平方和**(between samples sum of squares)に分けられるという公式である。つまり,

表4.2 k群のサイズと平均値

群	サイズ	平均
1	n_1	$\bar{x}_1$
2	n_2	$\bar{x}_2$
⋮	⋮	⋮
k	n_k	$\bar{x}_k$
全体	n	$\bar{x}$

$$S = \sum_{i=1}^{k}\sum_{j=1}^{n_i}(X_{ij}-\bar{X})^2 = \sum_{i=1}^{k}\sum_{j=1}^{n_i}[(X_{ij}-\bar{X_i})+(\bar{X_i}-\bar{X})]^2$$

$$= \sum_{i=1}^{k}\left\{\sum_{j=1}^{n_i}(X_{ij}-\bar{X_i})^2 + \sum_{j=1}^{n_i}2(X_{ij}-\bar{X_i})(\bar{X_i}-\bar{X}) + \sum_{j=1}^{n_i}(\bar{X_i}-\bar{X})^2\right\}$$

$$= \sum_{i=1}^{k}\left\{\sum_{j=1}^{n_i}(X_{ij}-\bar{X_i})^2 + 2(\bar{X_i}-\bar{X})\sum_{j=1}^{n_i}(X_{ij}-\bar{X_i}) + n_i(\bar{X_i}-\bar{X})^2\right\}$$

ここで，

$$\sum_{j=1}^{n_i}(X_{ij}-\bar{X_i}) = 0$$

であるから，

$$S = \sum_{i=1}^{k}\sum_{j=1}^{n_i}(X_{ij}-\bar{X_i})^2 + \sum_{i=1}^{k}n_i(\bar{X_i}-\bar{X})^2$$

つまり，

全平方和＝群内平方和の和＋群間平方和 ……（1）

となるわけである．ここで，（1）式の右辺第2項の群間平方和の定義式

$$\sum_{i=1}^{k}n_i(\bar{X_i}-\bar{X})^2$$

を見てもわかるように，群間平方和は，各群の平均値と全体の平均値の差の2乗を各群のサイズで加重して加えたものになっている．つまり，平均値の差の平方和である．

「k群の平均値の差の検定」とはより正確には「k群の標本の母平均間の差の検定」のことである．つまり，母集団の平均についての仮説

$$H_0 : \mu_1 = \mu_2 = \cdots = \mu_k$$

が正しいかどうかが問題となる．この仮説のような関係が標本でも成立していれば，各群の平均値は等しく，全体の平均値とも一致しているはずなので，群間平方和の部分は0となっているはずである．しかし，たとえ仮説が正しくても，標本抽出の際の偶然によって生じる標本誤差のために，

これが正確に 0 になるというようなことはめったに起きない。

それでは，その標本誤差はどの程度の大きさになるのだろうか。言い方を変えると，群間平方和がどのくらい大きければ，標本誤差の範囲を逸脱して，母平均間に差があると考えざるをえなくなるのだろうか。

まず，(1) 式から，

> 群内平方和の和＝全平方和－群間平方和　　…… (2)

となる。群間で平均値が異なるために生じたこの群間平方和を除いた残りの群内平方和の和は，偶然によって生じた誤差平方和（error sum of squares）と考えることができる。すると，(2) 式は

> 誤差平方和 S_E＝全平方和 S－平均値の差の平方和 S_A

と書くこともできる。この誤差平方和（＝群内平方和の和）を単位，基準にして，平均値の差の平方和（＝群間平方和）を計る――つまり平均値の差の平方和が誤差平方和の何倍あるのかをみる――ことで，評価してやることを考えるのである。それが標本誤差の範囲内かどうかを吟味するのである。

そこで，表4.3のような表が作成される。この表の中にある「平均平方和」（mean squares）とは「平方和」（sum of squares）を自由度で割って平均したもので，不偏分散のことである。したがって，この表によって計算された $F=V_A/V_E$ は，平均値の分散が誤差の分散の何倍あるのかをみたものになっている。こうすることで，平均値の差が標本誤差の範囲内にあるかどうかを吟味するのである。実は，この F が自由度 $(k-1, n-k)$ の F分布にしたがうことが知られている。このことを利用して検定が行われるために，この検定は F検定とも呼ばれる。

ところで，この表は分散分析表（analysis of variance table）と呼ばれるが，正確にはこうした一連の手続きで，一元配置（one-way layout）の分散分析（analysis of variance）が行われたことになる。しかし，ここで「一元配置」や「分散分析」のより一般的な意味をこれ以上述べても，平均値の差の検定という目的にプラスにならないので，これ以上の説明はしないことにしよう。

表 4.3 分散分析表

要因	平方和	自由度	平均平方和	F 値
群によるもの	S_A	$k-1$	$V_A = S_A/(k-1)$	$F = V_A/V_E$
誤差	S_E	$n-k$	$V_E = S_E/(n-k)$	
全体	S	$n-1$		

4.5　t 検定と分散分析の関係

既に述べたように，k 群の平均値の差の F 検定は，考え方としては，2 群の平均値の差の t 検定の単純な拡張をしたわけではない．しかし，k 群の平均値の差の F 検定の $k=2$ の場合として，2 群の平均値の差の F 検定を考えると，その F の定義式には，これから見るように t 検定の T の定義式が現れる．

実際，F 値の計算式 $F = V_A/V_E$ の分母 V_E は，2 群のとき $k=2$ なので，

$$V_E = \frac{S_E}{n-2} = \frac{\sum_{j=1}^{n_1}(X_{1j} - \bar{X}_1)^2 + \sum_{j=1}^{n_2}(X_{2j} - \bar{X}_2)^2}{n_1 + n_2 - 2} = s^2$$

すなわち，t 検定の際の合併した分散と等しくなる．また

$$\bar{X} = \frac{n_1 \bar{X}_1 + n_2 \bar{X}_2}{n_1 + n_2}$$

に注意すると，分子 V_A については

$$V_A = \frac{S_A}{1} = n_1(\bar{X}_1 - \bar{X})^2 + n_2(\bar{X}_2 - \bar{X})^2 = \frac{(\bar{X}_1 - \bar{X}_2)^2}{\dfrac{1}{n_1} + \dfrac{1}{n_2}}$$

したがって，F 値の計算式 $F = V_A/V_E$ は，2 群の母分散が等しいときの T の 2 乗に等しいことになる．つまり，2 群の平均値の差の F 検定で求めた F 値は，2 群の平均値の差の t 検定で求めた t 値の 2 乗になっていたのである．

表4.4 例題の分散分析表

要因	平方和	自由度	平均平方和	F値	有意確率
群によるもの	1228.2	1	1228.203175	7.360954	0.008199
誤差	13014.6	78	166.8538055		
全体	14242.8	79			

このように，t分布とF分布の間に，「量Tが自由度$n-2$のt分布にしたがうときは，量$F=T^2$は自由度（1，$n-2$）のF分布にしたがう」という関係があるので，2群の平均値の差の検定については，F検定もt検定も実質的には同じことをしていたことになる。

実際，先ほどの例題を分散分析してみると，表4.4のようになる。Excelでは，全体の平方和Sを求めるには関数DEVSQを用いる。群による平方和S_Aは計算式通りに計算し，SからS_Aを引くと誤差平方和が求まる。あとは，表4.2の通りに計算していけばF値が求められる。

ExcelではF値から有意確率を求めるには関数FDISTを使えばよい。こうして求めた有意確率0.008199は，例題のt検定の有意確率と同じになる。またt値2.713108の2乗がF値7.360954と等しくなることも確認できる。

● 演習問題

1. 例題のデータは，第3章の演習問題2のデータを「経済学部」の学生と「他学部」の学生に分けて示したものである。例題の図4.1の棒グラフと平均値の差の検定の結果を使って，第3章の演習問題2のように分析を行うことの問題点を指摘しなさい。

2. 第2章の例題の東京都にある小売店100軒のデータを左半分の50軒と右半分の50軒の2群に分けて，平均値の差の検定をしなさい。

第5章
クロス表の検定

5.1 クロス表

クロス表とは，たとえば表5.1のような表のことである。これは1992年から2000年まで毎年1回実施していた「組織活性化のための従業員意識調査」（第9章で詳述）で調べた「はい/いいえ形式」の質問

> Q1. 現在の職務に満足感を感じる。
> Q2. チャンスがあれば転職または独立したいと思う。

を使って作ったクロス表である。

表5.1 職務満足と退出願望（JPC92〜JPC00調査）

Q1. 現在職務に満足感	Q2. 機会があれば転職		計
	はい	いいえ	
はい	1606 (35.6%)	2900 (64.4%)	4506 (100.0%)
いいえ	2777 (61.0%)	1776 (39.9%)	4553 (100.0%)
計	4383 (48.4%)	4676 (51.6%)	9059 (100.0%)

$r = -0.2536$, $\chi^2 = 582.809^{***}$

これは筆者がよく使う形式のクロス表で，クロス表の中の（　）内には行方向の百分率を示している。クロス表の下についている r とか χ^2 については，これから説明していくことになるが，いずれも相関の程度を表しているものである（「相関」については次章で詳述する）。*** はその有意確率が 0.1％ よりも小さいことを示している。

まだ r や χ^2 について知らなくても，表 5.1 から，職務に満足している人は転職しようとは考えていないが，職務に満足していない人は転職しようと考える傾向があることがわかる。

表 5.1 の場合，質問 Q1 と Q2 に対する回答をそれぞれ変数とすると，実際に表を作成するときには，2 つの変数の値（どちらも「はい」「いいえ」）が交差（クロス）する升目（セル）に度数を書き込むので「クロス表」と呼ばれるのである。表 5.1 の場合，2 つの変数は，各々2 つのカテゴリーをもっているので，特に「2×2 クロス表」と呼ばれる。2 変数の質的データのクロス表で，一番基本的でかつ重要なものが，この 2×2 クロス表である。

一般には，2 変数データの表は，質的データの場合にはクロス表（cross table），量的データの場合には相関表（correlation table）と呼ばれる。クロス表は，かつては関連表・分割表（contingency table）という呼び方もされていた。2×2 クロス表の場合には，四分表（four-fold table）と呼ばれることもある。質的データの表と量的データの表の両者を総称して，二重分類表（double classification table）と呼ぶこともある。いずれにせよ，統計学の用語でいえば，これらの表は 2 変数を同時にとりあげた同時度数分布の表である。（質的データ，量的データについては第 1 章付録 1-2 を参照のこと。）

なお，クロス表の一般形式と各部分の名称は，付録 5-1 にまとめている。

5.2　2×2 クロス表

一般には，あらゆるクロス表は最終的には 2×2 クロス表に帰着させる

表5.2　解釈のはっきりしているクロス表

(A) 無相関の場合

質問 Q1	質問 Q2		計
	1. はい	2. いいえ	
1. はい	25	25	50
2. いいえ	25	25	50
計	50	50	100

(B) 正の完全相関の場合

質問 Q1	質問 Q2		計
	1. はい	2. いいえ	
1. はい	50	0	50
2. いいえ	0	50	50
計	50	50	100

べきだといわれるほどで，2×2クロス表をきちんと理解し，きちんと解釈できることが，クロス表利用の基本となる。

　2×2クロス表をきちんと理解し，きちんと解釈することは決して難しくない。もし表5.2（A）のようなクロス表が得られたら，変数 x と変数 y との間には何の関係もない——これを「無相関」という——ということは，はっきりしている。

　他方，もし表5.2（B）のようなクロス表が得られたら，質問 Q1 に「1. はい」と答えた人は質問 Q2 にも必ず「1. はい」と答え，質問 Q1 に「2. いいえ」と答えた人は質問 Q2 にも必ず「2. いいえ」と答えるという関係——これを「正の完全相関」という——があることは一目瞭然である。

　それでは，次の例題はどうなるだろうか。

【例題】　表5.3のクロス表では周辺度数だけが与えられている。(A) も (B) も周辺度数は同じである。もし，質問 Q1 への回答と質問 Q2 への回答との間に相関が全くなく無相関であったら，度数はどうなっているはずだろうか。(A) のクロス表に度数を書き入れよ。また質問 Q1 への回答と質問 Q2 への回答との間に正の完全相関が見られる例も (B) のクロス表に度数を書き入れよ。

表5.3 解答用クロス表

(A) 無相関の場合

質問 Q1	質問 Q2		計
	1. はい	2. いいえ	
1. はい			60
2. いいえ			40
計	60	40	100

(B) 正の完全相関の場合

質問 Q1	質問 Q2		計
	1. はい	2. いいえ	
1. はい			60
2. いいえ			40
計	60	40	100

《解答》 まずは簡単な方から。(B) 正の完全相関の場合は，表5.4の (1) のようになる。それに対して，すぐにはピンと来ないのが (A) 無相関の場合である。

周辺度数を固定した2×2クロス表では，1つのセルの値を決めると他の3つのセルの値は自動的に決まってしまうので，自由に決められるのは1つのセルの値だけである（このことを「自由度1」という）。

そこで，たとえば左上のセルの値（度数）を試しに表5.4の (1) の60から10ずつ減らしながらクロス表を表5.4の (2) 〜 (5) と書いて並べてみよう。表の右側に表示してある r, χ^2, p については後で徐々に意味がわかってくるので，そのときに戻って参照して欲しい。

表5.4の (5) では右下のセルが0になってしまうので，もうこれ以上右上のセルの値を減らすのは無理になる（つまり，実はこの周辺度数のケースでは「負の完全相関」はありえないことになる）。それでは無相関はどのあたりか？ (2) は正の相関，(5) は負の相関であることはすぐにわかる。だとすると (3) と (4) の間くらいか？

そこで，ちょうど中間であれば，今度は表5.5の (A) ということになり，なんとなく無相関っぽく見えてきたのではないだろうか。このように，「目視して無相関らしさを感じる」という感性は，統計データを扱う場合，非常に重要な感性である。では，なぜ無相関っぽく感じるのだろう。実は，(B) の方がさらに無相関っぽく見えるのだが（実際，これが無相関の場合

表5.4 色々な相関のクロス表

(1) 正の完全相関の場合

質問 Q1	質問 Q2		計
	1. はい	2. いいえ	
1. はい	60	0	60
2. いいえ	0	40	40
計	60	40	100

$r=1$
$\chi^2=100^{***}$
$p=0.0000$

(2)

質問 Q1	質問 Q2		計
	1. はい	2. いいえ	
1. はい	50	10	60
2. いいえ	10	30	40
計	60	40	100

$r=0.583$
$\chi^2=34.028^{***}$
$p=0.0000$

(3)

質問 Q1	質問 Q2		計
	1. はい	2. いいえ	
1. はい	40	20	60
2. いいえ	20	20	40
計	60	40	100

$r=0.167$
$\chi^2=2.778^{\dagger}$
$p=0.0956$

(4)

質問 Q1	質問 Q2		計
	1. はい	2. いいえ	
1. はい	30	30	60
2. いいえ	30	10	40
計	60	40	100

$r=0.25$
$\chi^2=6.250^{*}$
$p=0.0124$

(5)

質問 Q1	質問 Q2		計
	1. はい	2. いいえ	
1. はい	20	40	60
2. いいえ	40	0	40
計	60	40	100

$r=0.667$
$\chi^2=44.444^{***}$
$p=0.000$

表 5.5 相関のほとんどないクロス表

(A) ほとんど無相関

質問 Q1	質問 Q2		計
	1. はい	2. いいえ	
1. はい	35	25	60
2. いいえ	25	15	40
計	60	40	100

$r=0.042$
$\chi^2=0.1736$
$p=0.6769$

(B) 無相関の場合

質問 Q1	質問 Q2		計
	1. はい	2. いいえ	
1. はい	36	24	60
2. いいえ	24	16	40
計	60	40	100

$r=0$
$\chi^2=0$
$p=1$

に相当する）．ここまでくると，なぜ無相関っぽく感じるのか気がつく読者も出てくるはずである．

　表 5.5 の (B) の場合，1 行目，質問 Q1 で「1. はい」と答えた人 60 人のうち，質問 Q2 で「1. はい」と答えた人と「2. いいえ」と答えた人の割合は 36 : 24 = 6 : 4 になっている．

　2 行目，質問 Q1 で「2. いいえ」と答えた人 40 人のうち，質問 Q2 で「1. はい」と答えた人と「2. いいえ」と答えた人の割合も同じく 24 : 16 = 6 : 4 である．よく見れば，全体 100 人でも，質問 Q2 で「1. はい」と答えた人は 60 人で，「2. いいえ」と答えた人は 40 人，つまり割合は 6 : 4 になっているのである．いいかえれば，質問 Q1 で「1. はい」と答えるか「2. いいえ」と答えるかに関係なく，それとは独立に，質問 Q2 で「1. はい」と答えた人と「2. いいえ」と答えた人の割合が 6 : 4 になっているのが表 (B) であり，この関係は列方向でも同様に成り立っている．

　つまり，質問 Q1 でどう答えていようが関係なく，質問 Q2 では独立に

「1.はい」「2.いいえ」の割合が決まっているとき,逆に,質問 Q2 でどう答えていようが関係なく,質問 Q1 では独立に「1.はい」「2.いいえ」の割合が決まっているとき,質問 Q1 と質問 Q2 の回答は無相関に見えるのである(より正確な解説は,付録 5-1 を参照のこと)。

5.3　クロス表の検定

(1)　無相関の状態からの乖離

両極端である完全相関と無相関のクロス表は定義できたが,通常はそのような極端なケースは希であろう。その両者の間の中間的なクロス表の場合には,その中間的な相関の大きさはどのようにして測るのだろうか。

一つの考え方は,無相関の場合を理論的に想定して,その無相関の状態からの乖離が大きければ大きいほど,相関が大きいと考える考え方である。

そこで,例として表 5.4 の (2) のクロス表が実際に標本で観測されたとして,それを無相関の場合の表 5.5 の (B) のクロス表と比べてどのくらい乖離しているのかを考えてみることにしよう。比較しやすいように,それぞれ表 5.6 の (A),(B) として並べて再掲する。

一番簡単な差のとり方は,第 3 章で出てきた偏差と同様に,対応する各セルの度数の差を計算する方法である。

$$(50-36)+(10-24)+(10-24)+(30-16)$$

ところが残念なことに,これでは当然のことながら,正負で相殺しあって

$$(50-36)+(10-24)+(10-24)+(30-16)$$
$$=(50+10+10+30)-(36+24+24+16)=100-100=0$$

と必ずゼロになってしまう。そこで各項を 2 乗すれば,各項は正になるので,

$$(50-36)^2+(10-24)^2+(10-24)^2+(30-16)^2$$

となって,相殺しあうことはなくなる。

表5.6　2つのクロス表の乖離

(A) 観測されたクロス表

質問 Q1	質問 Q2		計
	1. はい	2. いいえ	
1. はい	50	10	60
2. いいえ	10	30	40
計	60	40	100

(B) 無相関の場合

質問 Q1	質問 Q2		計
	1. はい	2. いいえ	
1. はい	36	24	60
2. いいえ	24	16	40
計	60	40	100

　ただしこの場合，不公平なのは，たとえば左上のセルで $50-36=14$，右下のセルで $30-16=14$ と，ともに無相関の場合から 14 の乖離があるのだが，左上のセルでは 36 から 14 の乖離なのに対して，右下のセルではもともと 16 しかないところから 14 も乖離していることである。そこで，

$$\frac{(50-36)^2}{36} + \frac{(10-24)^2}{24} + \frac{(10-24)^2}{24} + \frac{(30-16)^2}{16}$$

と各項に重み付けを行うことにする。こうして得られたものを χ^2 と置くことにする（ここで χ^2 は「カイ2乗」と読む）。つまり，

$$\chi^2 = \frac{(50-36)^2}{36} + \frac{(10-24)^2}{24} + \frac{(10-24)^2}{24} + \frac{(30-16)^2}{16}$$
$$= 34.02777\cdots\cdots$$

こうして，無相関の状態からの乖離の程度を表す方法の一つが，この χ^2 である。

(2)　独立性の仮説

　序章では，「サンタクロースなんているわけがない」という仮説のもとに，「バーサルロードスペリオルナイトガンダムを引き当てる」有意確率を約 1000 分の 1 だと計算した。そして，有意確率が小さいほど，偶然ではありえない現象が起きていることになり，偶然では片づけられない「統計的に有意」なこと，統計的に意味のあることとされると説明した。この

表5.7 表5.6（A）（B）の対応するセルの度数の差を2乗して（B）の度数で重み付け

質問 Q1	質問 Q2	
	1. はい	2. いいえ
1. はい	$\dfrac{(50-36)^2}{36}$	$\dfrac{(10-24)^2}{24}$
2. いいえ	$\dfrac{(10-24)^2}{24}$	$\dfrac{(30-16)^2}{16}$

とき，確率を計算する前提に使っていた「仮説」は間違っていたと判断され，「棄却」される。これが統計学で「検定」と呼ばれる作業なのである。

そこで，もう一度，いま取り上げた例を整理してみよう。

表5.6では，実際に観測されたクロス表（A）が，無相関の場合のクロス表（B）と比べてどのくらい乖離しているのかを考えてみた。そこで，無相関の状態からの乖離の程度を表す方法として，対応する各セルの度数の差を2乗して，さらに無相関の場合の各セルの度数で重み付けすると表5.7が求められる。この表5.7の全セルを合計したものが χ^2 であった。

実は，母集団では「無相関」である——この表5.6の（B）は「無相関」であるが，正確にいえば，確率でいう「独立」——と仮説をおくと，無作為抽出された標本のデータで作ったクロス表：表5.6の（A）から計算した χ^2 が，実は，χ^2 分布に従うことがピアソン（Karl Pearson, 1857–1936）によって証明されている。つまり，χ^2 分布はわかっているので，確率が計算できるのである。

「独立」の考え方は単純である。いま，質問Q1と質問Q2が独立であれば，質問Q1に対する回答とは無関係に，質問Q2で60%の人が「1. はい」と答え，40%の人が「2. いいえ」と答えるはずである。つまり，質問Q1で「1. はい」と答えた人も，「2. いいえ」と答えた人も，質問Q2では60%の人が「1. はい」と答え，40%の人が「2. いいえ」と答えるはずである。実際，表5.6の（A）では，質問Q1で60%の人が「1. は

5.3 クロス表の検定

表5.8 相対度数で表現した表5.6（B）

質問 Q1	質問 Q2		計
	1. はい	2. いいえ	
1. はい	0.6×0.6=0.36	0.6×0.4=0.24	0.6
2. いいえ	0.4×0.6=0.24	0.4×0.4=0.16	0.4
計	0.6	0.4	1

表5.9 一般的な2×2クロス表

x	Y		計
	y_1	y_0	
x_1	f_{11}	f_{10}	$f_{1\cdot}$
x_0	f_{01}	f_{00}	$f_{0\cdot}$
計	$f_{\cdot 1}$	$f_{\cdot 0}$	n

い」と答え，40%の人が「2. いいえ」と答えているので，クロス表の各セルの相対度数は表5.8のように掛け算で計算できることになる．実は，この相対度数に全体の度数100を掛けて求めた度数の分布が，表5.6の(B)だったのである．

(3) χ^2 検定

以上の議論をより一般的に，表5.9で展開してみよう．

仮に，x と y とが独立（であれば無相関）とすると，その際に期待される度数つまり期待度数が，

$$f_{11} = \frac{f_{1\cdot} f_{\cdot 1}}{n}, \quad f_{10} = \frac{f_{1\cdot} f_{\cdot 0}}{n}$$

$$f_{01} = \frac{f_{0\cdot} f_{\cdot 1}}{n}, \quad f_{00} = \frac{f_{0\cdot} f_{\cdot 0}}{n}$$

だったというわけである．これを「仮説」という用語を用いて，正確に表

現すると，母集団についての仮説

$$H_0: 変数 x と y とは独立である。$$

を数式で書けば

$$H_0: すべての i, j に対して f_{ij} = \frac{f_{i\cdot}f_{\cdot j}}{n}$$

ということになるのである。つまり，母集団について「独立」と仮説を置いたときに計算できる期待度数から，実際の観測度数がどの程度乖離しているのかを表現したものが，χ^2 値だったのである。

いま，O を観測度数（observed frequency），E を期待度数（expected frequency）とするとき，

$$\chi^2 = \sum_{セル} \frac{(O-E)^2}{E} = \sum_i \sum_j \frac{\left(f_{ij} - \frac{f_{i\cdot}f_{\cdot j}}{n}\right)^2}{\frac{f_{i\cdot}f_{\cdot j}}{n}} \quad \cdots\cdots (1)$$

はピアソンの χ^2 検定量と呼ばれる。そして，母集団で 2 変数 x, y が独立であるときには，この母集団からの無作為抽出標本におけるこの χ^2 の分布が近似的に自由度 1 の χ^2 分布になることが，ピアソンによって示されているのである。実は 2×2 に限らず，$s×t$ クロス表の場合でも，2×2 クロス表と全く同じ手順で検定を行うことができる（ただし，χ^2 分布の自由度は $(s-1)×(t-1)$ になる）。

簡単にいえば，『「x と y とは独立である」と仮説を置いた場合の期待度数』と実際の観測度数との差が大きくなればなるほど，そのようなクロス表が出現する確率，つまり有意確率が小さくなる。そうなると，無作為抽出にともなう偶然だと片づけるには，あまりに稀な現象が起きていることになり，母集団について「x と y とは独立である」と置いた仮説が，間違いだった可能性が高くなるのである。これを独立性の χ^2 検定（chi-square test for independence）と呼んでいる。

ちなみに，2×2 クロス表の場合，前述のように自由度 1 なので「自由度

1 の χ^2 分布」に従うことがわかっている。分布がわかっていることで，有意確率を計算できる。仮に「x と y とは独立である」母集団から無作為抽出した標本で（つまり「くじ引き」で），標本誤差のせいで表 5.6（A）の $\chi^2=34.02777$ のクロス表が出現する有意確率 p を計算すると 0.000000005 つまり 1 兆分の 5 という非常に小さな確率になるということが χ^2 分布から計算できるのである。つまり，「x と y とは独立である」母集団からこれだけ大きな χ^2 のクロス表が標本誤差のせいで出現することはほぼありえないので，そもそも母集団では x と y とは独立ではなかった，つまり無相関ではなかったと結論されるのである。

(4) Excel を使ってクロス表を検定する

Excel を使えば，クロス表の検定は簡単である。2×2 クロス表でも，$s \times t$ クロス表でも，(1) 式で χ^2 を計算してやればいいのである。表 5.6 の (A) のクロス表の χ^2 を例にして，Excel を使って，ステップを踏んで (1) 式を計算する方法を説明しよう。次のように簡単に計算できる。

《ステップ 1》 表 5.6 の (B) を求める。
《ステップ 2》 表 5.6 の (A) と (B) から表 5.7 を求める。
《ステップ 3》 表 5.7 の全セルを合計して χ^2 を求める。
《ステップ 4》 関数 CHIDIST を使って χ^2 に対応する有意確率を求める。

ここで，ステップ 4 で Excel の関数 CHIDIST を使う際には，自由度を入力してやる必要がある。表 5.6（A）のような 2×2 クロス表の場合には，自由度は 1 になるが，一般の $s \times t$ クロス表の場合には，自由度は $(s-1) \times (t-1)$ になる。

5.4　Excel を使ってクロス表を作る

Excel を使ったクロス表の作り方は，実は，実質的に既に解説済みである。なぜなら，第 4 章の例題の表 4.1（A）がまさにクロス表だからであ

る。データが Excel ファイルで

	A	B
1	学部	成績
2	経済学部	優
3	経済学部	良
4	経済学部	優
5	経済学部	優
6	経済学部	良
⋮	⋮	⋮
79	他学部	良
80	他学部	可
81	他学部	可

のような形で与えられていれば，クロス表の各セルに関数 COUNTIFS を使って，表 5.10 の青い網掛け部分のように指定すれば第 4 章の表 4.1 (A) の各セルの数字が得られる。

このように，クロスしている条件（たとえば左上のセルは「経済学部」と「優」）を検索条件にしてカウントするのが一番理解しやすい方法だと思われるが，Excel には，他にもクロス表を作る一般的方法があるので，解説しておこう。

表 5.10　関数 COUNTIFS の指定の仕方

	経済学部	他学部	計
優	=COUNTIFS(A2:A81,"経済学部",B2B81,"優")	=COUNTIFS(A2:A81,"他学部",B2B81,"優")	
良	=COUNTIFS(A2:A81,"経済学部",B2B81,"良")	=COUNTIFS(A2:A81,"他学部",B2B81,"良")	
可	=COUNTIFS(A2:A81,"経済学部",B2B81,"可")	=COUNTIFS(A2:A81,"他学部",B2B81,"可")	
不可	=COUNTIFS(A2:A81,"経済学部",B2B81,"不可")	=COUNTIFS(A2:A81,"他学部",B2B81,"不可")	
計			

5.4　Excel を使ってクロス表を作る

(1) データを作る

　最初にデータを作る。エクセルは，左枠に 1, 2, 3, ……という行番号がついていて，上枠に A, B, C, ……というフィールド名がついている。入力する際には，一番上の行には変数名を入れ，次の行からデータを入力する。

(2) ピボットテーブルを起動する

　一番上の行の変数名まで含めて，データの範囲を指定して，[挿入][ピボットテーブル（の挿入）]を選ぶ。その際，データの範囲の最初の行に入れておいた変数名はフィールド名として認識される。
　ALT + D を押し，続いて P を押して，ピボットテーブルウィザードを呼び出す方法もある。

(3) クロス表を作る

　右に出てくる「ピボットテーブルのフィールドリスト」ウィンドウで
① 「レポートに追加するフィールドを選択してください」ボックスに変数名（フィールドと呼ばれる）が並んでいるので，そのリストの中から，集計する変数を 2 つ選択する。変数名をクリックすると □ にチェックマークが入る。
② 変数を 2 つとも「行ラベル」ボックスに入れる。これで，最初の変数の値の大分類の下に，2 番目の変数の値が小分類として入った表ができる。
③ 「値」ボックスが空になっていない場合には，「値」ボックス内の変数をクリックして［フィールドの削除］を選び，「値」ボックスをいったん空にする。
④ 「レポートに追加するフィールドを選択してください」ボックスの中から，どちらかの変数（どちらでもいいが 1 つだけ）を「値」ボックスにドラッグする（「行ラベル」ボックスから移してはいけない）。
⑤ 「値」ボックスに出てきたものをクリックして，［値フィールドの設定］を選び，［集計の方法］で［データの個数］を選ぶ。これで，表

には該当する個数が入る。
⑥ 表示されている表をクロス表にするには，列にしたい変数を「行ラベル」からドラッグして「列ラベル」に移す。これでクロス表の形になる。

(4)　「行ラベル」「列ラベル」に変数名を入れる

このままでは，「行ラベル」「列ラベル」と表示されていて，変数名がわからないので，表を指定して，右クリックすると，メニューが出てくるので，［ピボットテーブル オプション］を選ぶ。［表示］で［従来のピボットテーブル レイアウトを使用する］をクリックして□にチェックマークを入れ，OK を押すと，それまで「行ラベル」「列ラベル」となっていたところに，(1) で入力した変数名が入る。

● 演 習 問 題

1. 現在アルバイトをしている大学生 20 人以上に，次の 2 つの質問をして，それぞれ「はい」「いいえ」の択一の回答をしてもらい，クロス表を作成しなさい。
　　Q1. 現在のアルバイトに満足感を感じる。
　　Q2. 現在のアルバイトはなるべく早く辞めたいと思う。

付録 5-1　2×2 クロス表の完全相関と無相関

(1)　表の一般形式

2 変数データの表の一般的な形式は**表** 5.11 のようになる。

表 5.11　変数データの表の一般形式

x	y					計
	y_1	$\cdots$	y_j	$\cdots$	y_k	
x_1	f_{11}	$\cdots$	f_{1j}		f_{1k}	$f_{1\cdot}$
$\vdots$	$\vdots$	$\ddots$	$\vdots$		$\vdots$	$\vdots$
x_i	f_{i1}	$\cdots$	f_{ij}	$\cdots$	f_{ik}	$f_{i\cdot}$
$\vdots$	$\vdots$		$\vdots$	$\ddots$	$\vdots$	$\vdots$
x_l	f_{l1}	$\cdots$	f_{lj}		f_{lk}	$f_{l\cdot}$
計	$f_{\cdot 1}$	$\cdots$	$f_{\cdot j}$	$\cdots$	$f_{\cdot k}$	n

（表頭）／（表側）　y の周辺分布　　x の周辺分布

この形式で作成された表を，

> 質的データ×質的データの場合はクロス表

と呼び，

> 量的データ×量的データの場合には相関表

と呼ぶのである。したがって，質的データのクロス表のときは，x_i, y_j は**カテゴリー**を表すことになるし，量的データの相関表のときには，x_i, y_j は**階級**を表すことになる。一般的には，表側の変数（ここでは x）に，より基本的なもの，原因的なものをもってくることが多い（たとえば冒頭の**表** 5.1）。

表 5.11 の中の各セルの f_{ij} は**同時度数**と呼ばれる。他方，「計」として表

の縁すなわち周辺に表示されているものは，周辺度数と呼ばれる．つまり，

$$f_{i\cdot}=\Sigma_j f_{ij} \quad \cdots\cdots x \text{の周辺度数}$$
$$f_{\cdot j}=\Sigma_i f_{ij} \quad \cdots\cdots y \text{の周辺度数}$$

であり，

$$(f_{1\cdot},\ \cdots,\ f_{i\cdot},\ \cdots,\ f_{l\cdot}) \quad \cdots\cdots x \text{の周辺分布}$$
$$(f_{\cdot 1},\ \cdots,\ f_{\cdot j},\ \cdots,\ f_{\cdot k}) \quad \cdots\cdots y \text{の周辺分布}$$

ということになる．

(2) 完全相関の場合

ここでは，周辺度数が具体的に与えられている例ではなく，一般の場合について解説しよう．質的データの場合には，量的データの相関（correlation）の概念に対応するものとして，関連（association）の概念がある．もっとも，両者を総称して「相関」ともいうので，クロス表の場合には関連と呼ばなければならないというものではなく，相関と呼んでもかまわない．ここでは，相関と呼ぶことに統一しておこう．

実は，クロス表の場合でも，第6章で扱う通常の相関と同様の考え方をする．

① $f_{11}>\dfrac{f_{1\cdot}f_{\cdot 1}}{n}$ または $f_{00}>\dfrac{f_{0\cdot}f_{\cdot 0}}{n}$ のときは正の相関

② $f_{11}<\dfrac{f_{1\cdot}f_{\cdot 1}}{n}$ または $f_{00}<\dfrac{f_{0\cdot}f_{\cdot 0}}{n}$ のときは負の相関

となる．その両極端である関連の最も強い正の完全相関，負の完全相関の場合には，クロス表は表5.12のようになる．つまり，$x=x_1$ のときは必ず $y=y_1$，$x=x_0$ のときは必ず $y=y_0$ という関係が成り立っているならば正の完全相関，逆に，$x=x_1$ のときは必ず $y=y_0$，$x=x_0$ のときは必ず $y=y_1$ という関係が成り立っているならば負の完全相関と呼ぶのである．どちらの場合でも，対角線上のセルが2つゼロにならないと「必ず」の関係は出て

こないので，さきほどの例題の場合は，負の完全相関をとることは不可能だったのである。

表5.12　完全相関の場合の2×2クロス表

(A) 正の完全相関

x	y		計
	y_1	y_0	
x_1	f_{11}	0	$f_{1\cdot}$
x_0	0	f_{00}	$f_{0\cdot}$
計	$f_{\cdot 1}$	$f_{\cdot 0}$	n

(B) 負の完全相関

x	y		計
	y_1	y_0	
x_1	0	f_{10}	$f_{1\cdot}$
x_0	f_{01}	0	$f_{0\cdot}$
計	$f_{\cdot 1}$	$f_{\cdot 0}$	n

(3) 無相関（独立）の場合

クロス表で，xとyとの間に相関が全くない場合，「無相関」と呼んだり，あるいは「独立」と呼んだりする。実は確率論的な意味では，無相関よりも独立の方が強い性質なわけであるが，独立ならば無相関となることがわかっている。

それでは，独立とはどのような状態のクロス表を意味するのであろうか。もしxとyの両者の間に関係がないとしたら，表5.13で示されているような関係があるはずである。

表5.13　独立の場合のクロス表

x	y		計
	y_1	y_0	
x_1	f_{11}	f_{10}	$f_{1\cdot}$
x_0	f_{01}	f_{00}	$f_{0\cdot}$
計	$f_{\cdot 1}$	$f_{\cdot 0}$	n

$$f_{11}/f_{1\cdot} \\ \| \\ f_{01}/f_{0\cdot} \\ \| \\ f_{\cdot 1}/n$$

$$f_{11}/f_{\cdot 1} = f_{10}/f_{\cdot 0} = f_{1\cdot}/n$$

たとえば，いま列方向で見て，カテゴリーy_1の占める比率に着目してみよう。xとyとの間に相関が全くなければ，カテゴリーx_1でかつカテゴリーy_1に入る要素の数の割合とカテゴリーx_0でかつカテゴリーy_1に入る要素の数の割合とは等しいはずである。つまり，カテゴリーx_1の行の度

数 $f_1.$ のうちカテゴリー y_1 の占める比率も，カテゴリー x_0 の行の度数 $f_0.$ のうちカテゴリー y_1 の占める比率も等しく，$f_{\cdot 1}/n$ のはずである．つまり

$$\frac{f_{11}}{f_{1\cdot}} = \frac{f_{01}}{f_{0\cdot}} = \frac{f_{\cdot 1}}{n}$$

ということは，

$$\left.\begin{aligned} f_{11} &= \frac{f_{1\cdot} \cdot f_{\cdot 1}}{n} \\ f_{10} &= \frac{f_{1\cdot} \cdot f_{\cdot 0}}{n} \end{aligned}\right\} \quad (1)$$

同様に，行方向で見て，カテゴリー x_1 の占める比率に着目すれば，

$$\frac{f_{11}}{f_{\cdot 1}} = \frac{f_{10}}{f_{\cdot 0}} = \frac{f_{1\cdot}}{n}$$

すなわち

$$\left.\begin{aligned} f_{01} &= \frac{f_{0\cdot} \cdot f_{\cdot 1}}{n} \\ f_{00} &= \frac{f_{0\cdot} \cdot f_{\cdot 0}}{n} \end{aligned}\right\} \quad (1')$$

となる．クロス表でこの (1) (1') 式が成立するとき，x と y は独立 (independent) であると定義する．この独立の定義は，確率の独立の概念と一致している．なぜなら，いま確率の意味で独立とするならば，たとえば (1) 式の第 1 式に対応して

$$Pr(X=x_1, Y=y_1) = Pr(X=x_1|Y=y_1)Pr(Y=y_1) = Pr(X=x_1)Pr(Y=y_1)$$

となるからである．ここで，左辺は f_{11}/n，右辺は $(f_{1\cdot}/n) \cdot (f_{\cdot 1}/n)$ に対応しているので，結局 (1) 式の第 1 式が導出されることになる．

付録 5-2　比率の差の t 検定とクロス表の χ^2 検定

(1)　2値質的データの平均と分散

質的データがカテゴリーAとカテゴリー非Aしかもたないとき，2値質的データと呼ばれる。既に第1章付録1-2で述べた尺度による観測値の演算可能性を繰り返せば，

> ① 名義尺度では計数にもとづく演算だけが意味をもつ。
> ② 順序尺度では順位に関する演算も意味をもつ。
> ③ 間隔尺度では加減の演算も意味をもつ。
> ④ 比率尺度では加減乗除の演算も意味をもつ。

ということだった。こうした演算可能性については，十分に注意を払わなければならない。

ところで，この規則にしたがえば，名義尺度や順序尺度に基づいた質的データの算術平均は通常は無意味なはずである。しかし，質的データであっても，複雑な演算に耐えられるように扱う方法もまた工夫されている。いま，質的データが，カテゴリーAとカテゴリー非Aの2つの値のみしかもたないとき，変数 x_i を

$$x_i = \begin{cases} 1 \cdots\cdots\cdots \text{カテゴリー A} \\ 0 \cdots\cdots \text{カテゴリー非 A} \end{cases}$$

とおくと，この変数の平均は次のようにカテゴリーAの比率 p を示すと解釈することができる。いまカテゴリーAと非Aの度数を，それぞれ f_1, f_0 とすると

$$\begin{aligned} \bar{x} &= \frac{1}{n}\sum_{i=1}^{n} x_i = \frac{1}{n}[(1+1+\cdots+1)+(0+0+\cdots+0)] \\ &= \frac{1}{n}[f_1 \times 1 + f_0 \times 0] = \frac{f_1}{n} = p \end{aligned}$$

となる。

また，平均が考えられたように，2 値質的データの分散も考えることができる．平均がカテゴリー A の比率 p になっているので，分散は次のようになる．

$$s_x^2 = \frac{1}{n}\sum_{i=1}^{n}(x_i - \bar{x})^2 = \frac{1}{n}\left[(1-p)^2 + \cdots + (1-p)^2 + (0-p)^2 + \cdots + (0-p)^2\right]$$
$$= \frac{1}{n}\left[f_1(1-p)^2 + f_0(0-p)^2\right] = \frac{f_1}{n}(1-p)^2 + \frac{f_0}{n}(0-p)^2$$
$$= p(1-p)^2 + (1-p)p^2 = p(1-p)$$

したがって，分散は $p=1/2$ で最大値 $1/4$ をとることになる．このことから，標準偏差は各カテゴリーの比率の幾何平均になっているのである．

　このように 2 値質的データの場合には，質的データであっても数量化することが可能となり，そのことにより，より高度の演算を必要とする統計手法を使用することが可能となる．たとえば，表 5.14 に示されるような，比率の差の検定である．

表 5.14　2×2 クロス表から求めるカテゴリーの比率

標本	カテゴリー		計	カテゴリー 1 の比率
	1	0		
A	f_{11}	f_{10}	$f_{1\cdot}$	$f_{11}/f_{1\cdot}$
B	f_{01}	f_{00}	$f_{0\cdot}$	$f_{01}/f_{0\cdot}$
計	$f_{\cdot 1}$	$f_{\cdot 0}$	n	$f_{\cdot 1}/n = p$

(2)　比率の差は平均値の差として t 検定できる

　比率の差の検定（$H_0 : \pi_1 = \pi_2$）は，カテゴリー 1 に 1，カテゴリー 0 に 0 の値を与えたときの平均値の差の t 検定になる．このとき

$$T = \frac{\dfrac{f_{11}}{f_{1\cdot}} - \dfrac{f_{01}}{f_{0\cdot}}}{\sqrt{\dfrac{f_{\cdot 1}}{n}\left(1 - \dfrac{f_{\cdot 1}}{n}\right)\left(\dfrac{1}{f_{1\cdot}} + \dfrac{1}{f_{0\cdot}}\right)}}$$

は自由度 $n-2$ の t 分布 $t(n-2)$ に従う。

(3) クロス表として χ^2 検定しても同じことになる

実は，標本の大きさ n が十分大きいときには，この比率の差の t 検定は，クロス表の χ^2 検定とまったく同じものになる（ϕ^2 については第7章 7.2 で説明する）。

$$\chi^2 = n\phi^2 = n\frac{(f_{11}f_{00} - f_{10}f_{01})^2}{f_{1\cdot}f_{0\cdot}f_{\cdot1}f_{\cdot0}}$$

$$= \frac{n\{f_{11}(f_{0\cdot} - f_{01}) - (f_{1\cdot} - f_{11})f_{01}\}^2}{f_{1\cdot}f_{0\cdot}(f_{11} + f_{01})\{n - (f_{11} + f_{01})\}} = \frac{n(f_{11}f_{0\cdot} - f_{1\cdot}f_{01})^2}{f_{1\cdot}f_{0\cdot}(f_{11} + f_{01})\{n - (f_{11} + f_{01})\}}$$

$$= \frac{n\left(\dfrac{f_{11}}{f_{1\cdot}} - \dfrac{f_{01}}{f_{0\cdot}}\right)^2}{\dfrac{(f_{11} + f_{01})\{n - (f_{11} + f_{01})\}}{f_{1\cdot}f_{0\cdot}}} = \frac{\left(\dfrac{f_{11}}{f_{1\cdot}} - \dfrac{f_{01}}{f_{0\cdot}}\right)^2}{\dfrac{f_{11} + f_{01}}{n}\left(1 - \dfrac{f_{11} + f_{01}}{n}\right)\dfrac{n}{f_{1\cdot}f_{0\cdot}}}$$

$$= \frac{\left(\dfrac{f_{11}}{f_{1\cdot}} - \dfrac{f_{01}}{f_{0\cdot}}\right)^2}{\dfrac{f_{\cdot1}}{n}\left(1 - \dfrac{f_{\cdot1}}{n}\right)\dfrac{n}{f_{1\cdot}f_{0\cdot}}} = \frac{\left(\dfrac{f_{11}}{f_{1\cdot}} - \dfrac{f_{01}}{f_{0\cdot}}\right)^2}{\dfrac{f_{\cdot1}}{n}\left(1 - \dfrac{f_{\cdot1}}{n}\right)\dfrac{f_{1\cdot} + f_{0\cdot}}{f_{1\cdot}f_{0\cdot}}} = \frac{\left(\dfrac{f_{11}}{f_{1\cdot}} - \dfrac{f_{01}}{f_{0\cdot}}\right)^2}{\dfrac{f_{\cdot1}}{n}\left(1 - \dfrac{f_{\cdot1}}{n}\right)\left(\dfrac{1}{f_{1\cdot}} + \dfrac{1}{f_{0\cdot}}\right)} = T^2$$

すなわち，$T^2 = \chi^2$ は自由度 1 の χ^2 分布にしたがうのである。実際，統計数値表から拾ってきた表 5.15 を見てもわかるように，自由度 ∞ の t 分布のパーセント点を 2 乗したものは，丸め誤差はあるものの χ^2 分布のパーセント点と一致する。

表5.15　パーセント点

α	統計数値表から拾ってきたパーセント点		左列を2乗したもの
	χ^2 分布（自由度 1）	t 分布（自由度 ∞）	
0.1	2.70554	1.645	2.706
0.05	3.84146	1.960	3.842
0.01	6.63490	2.576	6.636
0.001	10.8276	3.291	10.83

第6章
相関係数

6.1 散布図

いま2変数 x, y の量的データが与えられている場合を考えよう。たとえば，個人ごとの身長と体重のデータなどである。あるいは，表6.1のようなデータが表で与えられている場合には，従業員数と営業キロ，営業キロと駅数，……のような任意の2変数の組合せを考えればいい。

こうした2変数の間の関係の分析は1変数の場合と同様に，図・表によってデータを整理することから始まる。通常は，散布図（scatter diagram または scattergram）という図によってデータを整理することが多い。

散布図とは，たとえば図6.1のように，平面上に直交座標を定めて，横軸に変数 x，縦軸に変数 y をとり，2変数データ (x_i, y_i), $i=1, 2, \cdots, n$ をこの座標平面上に点（1点＝度数1）で記入したものである。

散布図は，Excelを使えば簡単に描ける。対象となる数値の列を2列指定してから［グラフ］［散布図］を選べば，簡単に散布図が得られる。図6.1もExcelを使って描いたものである。

表 6.1　私鉄大手 16 社比較（2010 年 3 月末現在）

	従業員数	営業キロ (キロ)	駅　数 (駅)	在籍客車数 (両)	年間輸送人員 (千人)	旅客輸送人キロ (百万人キロ)	客車走行キロ (千キロ)
東武鉄道（東武）	4,659	463.3	203	1,998	866,313	12,389	276,033
西武鉄道（西武）	3,919	176.6	92	1,294	625,860	8,753	177,956
京成電鉄（京成）	1,736	102.4	64	578	257,358	3,583	83,707
京王電鉄（京王）	2,402	84.7	69	881	633,175	7,471	117,374
小田急電鉄（小田急）	3,570	120.5	70	1,097	711,469	11,084	172,782
東京急行電鉄（東急）	3,756	104.9	98	1,182	1,066,673	10,202	137,446
京浜急行電鉄（京急）	1,498	87.0	72	766	439,122	6,223	109,283
東京地下鉄（東京メトロ）	8,379	195.1	179	2,717	2,309,568	18,518	281,632
相模鉄道（相鉄）	1,110	35.9	25	408	228,156	2,586	46,242
名古屋鉄道（名鉄）	5,155	444.2	275	1,090	338,155	6,343	192,230
近畿日本鉄道（近鉄）	8,273	508.1	294	1,960	576,229	11,080	301,071
南海電気鉄道（南海）	2,675	154.8	99	694	226,834	3,706	93,528
京阪電気鉄道（京阪）	1,684	91.1	89	747	283,425	4,033	96,158
阪急電鉄（阪急）	2,448	146.5	92	1,319	605,964	8,509	169,128
阪神電気鉄道（阪神）	1,332	48.9	51	358	193,620	1,983	42,473
西日本鉄道（西鉄）	4,331	106.1	72	341	99,230	1,562	41,247

（出所）　社団法人日本民営鉄道協会のホームページ
　　　　　http://www.mintetsu.or.jp/index.html

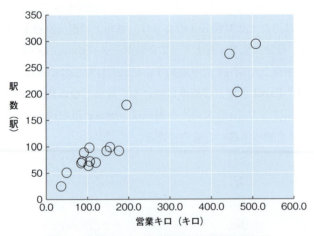

図 6.1　私鉄大手 16 社の営業キロと駅数の散布図

6.2 相関係数で直線的な相関関係の強さを測る

(1) 相関関係

「相関」は前章のクロス表で出てきた用語であるが，統計学以外でも一般的に使われる言葉である。いま，2つの変数の間で，一方の値が決まると他方の値が一意に定まる関係があるとき，両変数の間には関数関係があるという。それに対して，統計学でいう相関関係とは，2つの変数の間で，一方の値が決まると他方の値が一意に定まるというわけにはいかないまでも，両者の間になんらかの関連性が認められる関係を指している。

たとえば，通常，人間の身長と体重の間には，身長が高いほど体重も重く，体重が重いほど身長も高いという関係があるということは常識的に理解できる。しかし，身長が決まると体重も一意に決まるというような関数関係があるわけではない。同じ身長でも，細目の人から太目の人まで体重には大きな差があるものである。

ただし，統計学における相関（correlation）は，あくまでも変数間の単調な増減関係に限定して用いられることに注意してほしい。特に次のような直線的な関係を指している。

① 正の相関であれば，2つの変数の間に，一方が増加すれば他方もおおむね増加するという傾向があること。
② 負の相関であれば，2つの変数の間に，一方が増加すれば他方はおおむね減少するという傾向があること。

また，相関関係と因果関係とは別の概念であるということにも注意がいる。相関関係は観測されたデータから，表面的に認められる事実関係のみを意味するのに対して，因果関係は論理的に考えられるものである。統計学では事実としての相関関係を扱うことはできても，それが本当に因果関係を意味するものかどうかを統計学で直接判定することはできない。

(2) 相 関 係 数

まずは，散布図によってデータを整理して，相関関係を視覚に訴えることをすべきであるが，この方法を補完するものとして相関係数がある。相関係数は，2変数間の相関関係のうち，特に直線的な相関関係の強さを測る指標である。この節では，この相関係数についてまとめておこう。

通常，単に「相関係数」といった場合には，**ピアソンの積率相関係数**（Pearson's product-moment correlation coefficient あるいは Pearson's r）を指すことになる。2変数データ $(x_1, y_1), (x_2, y_2), \cdots, (x_n, y_n)$ のピアソンの積率相関係数は次のように定義される。

$$r_{xy} = \frac{\sum_{i=1}^{n}(x_i - \bar{x})(y_i - \bar{y})}{\sqrt{\sum_{i=1}^{n}(x_i - \bar{x})^2}\sqrt{\sum_{i=1}^{n}(y_i - \bar{y})^2}}$$

この相関係数は何を意味しているのだろう。定義式の分母は平方和の平方根の積なので，その符号は正に決まっている。それでは定義式の分子はどうだろうか。相関係数の定義式の分子に注目して，相関係数の意味を考えてみよう。

そこで，平均 $(\bar{x}, \bar{y})$ を原点とする直交座標を考えると図6.2のように

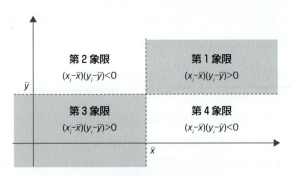

図6.2　相関係数の分子と平均

なる。

　つまり，相関係数の定義式の分子の Σ の中身 $(x_i - \bar{x})(y_i - \bar{y})$ は，第 1 象限や第 3 象限にある点で計算すると正，第 2 象限や第 4 象限にある点で計算すると負の値をとることになる。したがって，

> ① データが主に第 1 象限と第 3 象限（網掛けの部分）に散布していれば（正の相関のケース）
>
> 　　　→ 相関係数は正の値をとる：$\sum (x_i - \bar{x})(y_i - \bar{y}) > 0$
>
> ② データが主に第 2 象限と第 4 象限（白地の部分）に散布していれば（負の相関のケース）
>
> 　　　→ 相関係数は負の値をとる：$\sum (x_i - \bar{x})(y_i - \bar{y}) < 0$
>
> ③ データが各象限にまんべんなく散布していれば（相関がないケース）
>
> 　　　→ 相関係数は 0 に近い値をとる：$\sum (x_i - \bar{x})(y_i - \bar{y}) \approx 0$

ということになる。

　さらに付言すれば，直線 $x = \bar{x}$ について左右対称，または直線 $y = \bar{y}$ について上下対称の分布をしていれば，相関関係は $r_{xy} = 0$ ということもわかる。したがって，相関係数が 0 であっても，変数間には明白な関係が存在することも多く，本当にデータを生かして変数間の関係を調べるためには，散布図が重要なのである。

　このようなことから，相関係数は，散布図など相関関係を視覚に訴える方法を補完するものであると考えていた方が間違いがない。相関係数は 2 変数間の直線的な関係を要約するものにすぎないからである。そのことは，以上のような相関係数の性質を知れば納得できるだろう。

　ところで，相関係数の定義式の分子を n で割ったもの

$$s_{xy} = \frac{1}{n} \sum_{i=1}^{n} (x_i - \bar{x})(y_i - \bar{y})$$

は変数 x と y の共分散 (covariance) と呼ばれる。変数 x と x の共分散は，定義より，

$$s_{xx} = \frac{1}{n}\sum_{i=1}^{n}(x_i - \bar{x})(x_i - \bar{x}) = \frac{1}{n}\sum_{i=1}^{n}(x_i - \bar{x})^2 = s_x^2$$

つまり，変数 x の分散となる。この共分散(分散)を用いれば，相関係数は

$$r_{xy} = \frac{s_{xy}}{s_x s_y}$$

と表すこともできる。この形は第7章，第8章でもたびたび用いられるので，記憶にとどめておいてほしい。

相関係数 r_{xy} の定義では，分母 $s_x s_y \neq 0$ を暗黙のうちに仮定していることになる。しかし，これは実際上はなんら制約にならない。なぜなら，たとえば，$s_x=0$，$s_y \neq 0$ であれば，変数 x の標準偏差，分散は 0 ということになり，x は一定値の定数だったことになるからである。したがって，このデータは実質的に y だけのデータだったのであり，もはや相関関係を考える必要はない。

(3) 相関係数の性質

次に，相関係数のもっている性質を列挙しておこう（証明は付録6-1）。

性質1　相関係数 r_{xy} は x と y とを入れ換えても変化しない。
性質2　相関係数 r_{xy} の値は，両変数の1次変換 $x'=ax+b$，$y'=cy+d$，$ac>0$ によっても変わらない。
性質3　$-1 \leq r_{xy} \leq 1$
性質4　$|r_{xy}|=1$ の必要十分条件は (x_i, y_i)，$i=1, 2, \cdots, n$ がすべて同一直線上にあることである。

これらの性質は，計算ミスを見つける際や，統計ツールを使う際に，常識として知っておかねばならない性質ばかりを集めたものである。特に，性質1，性質2は，相関係数が相関関係の客観的指標になりうることを示

すものであるが，知っていれば計算の際の色々な手間を省くのに役立つ．

また性質2のおかげで，相関係数を計算する際には，測定の単位を気にしなくて済むことになる．つまり，たとえば，長さをm表示にするのかcm表示にするのかで相関係数が影響を受けることはない．また，温度を摂氏°C表示にするか，米国などでよく使われる華氏°F表示にするかで相関係数は影響を受けない．なぜなら華氏f度と摂氏c度の間には次のような1次変換の関係が成り立つからである．

$$f = \frac{9}{5}c + 32$$

(4) 相関係数の検定

2群の平均値の差の検定の際のt検定と同様に，相関係数についても検定することができる．母集団相関係数をρとおくと（ρは「ロー」と読む），仮説$H_0 : \rho = 0$を検定するためには，

$$T = \frac{r_{xy}\sqrt{n-2}}{\sqrt{1-r_{xy}^2}} \quad \cdots\cdots (1)$$

が，標本サイズnのとき自由度$n-2$のt分布にしたがうことがわかっているので，これを用いればよい．

6.3　相関係数行列

レポートや論文で相関係数行列を示す場合には，表6.2のように表示すればよい．これは，表6.1をもとにして，Excelで，(a) 平均については関数AVERAGE，(b) 標準偏差については関数STDEVP，(c) 相関係数については関数CORRELを用いて計算したものである．相関係数の値自体も，実用的には小数点以下3桁もあれば十分である．

相関係数は，性質4から対角線上はすべて1になるし，また性質1から，対角線に対して対称になっているので，右上半分もしくは左下半分だけを

示せば済むことになる．紙幅の都合でそのように省略することもある．表 6.2 (A) では対角線に対して対称になっていることを確認してもらうために，わざわざ表示している．

相関係数の有意確率を求めるには，自由度は 16−2＝14 なので，まず (1) 式を使って，たとえばセル F31 にある相関係数の T の値をセル F41 で求めてみよう．それには，Excel の平方根を求める関数 SQRT を使って，(1) 式の通り，F41 に「F31*SQRT(14)/SQRT(1−F31^2)」と入力すればよい．こうして表 6.2 (B) が求められると，今度は有意確率は関数 TDIST を用いて TDIST (F41,14,2) で求められる．こうして表 6.2 (C) が求められるわけであるが，通常，有意確率は，10%，5%，1%，0.1% のような有意水準で区切って示される．一般的には，

$$\dagger p<0.1 ; {}^{*}p<0.05 ; {}^{**}p<0.01 ; {}^{***}p<0.001$$

のような記号で表されることが多い．一般に用いられる相関係数行列は，こうした記号で有意確率も併記した表 6.3 のようなスタイルになる．

表 6.3 を見てもわかるように，こうした記号は，通常，相関係数の右肩に上付き文字として，たとえば 0.706^{*} のように表示される．このことからもわかるように，もともとは脚注を示す記号で，脚注として「${}^{*}p<0.05$」と入れていた時代もある．現在では，統計学を使った論文では，あまりにも頻繁に登場するので，図表の下に注として入れることの方が一般的である．有意水準 10% だけが *（「アスタリスク」と読む）でなく † （「ダガー」と読む．+ で代用することもある）で表示されるのは，通常，5% 水準ではじめて有意と言われることが多く，10% 水準では「有意」とは扱われないので，「参考程度に」という意味もこめて，* を使わずに † で表示する．

表 6.3 からも直感的にわかると思うが，相関係数行列は，変数の数が増えてくると，2 乗のオーダーで，表示される相関係数の数が増えてくるので，見て理解するのも大変なことになってくる．その際に，本来の意味とは別に，有意水準は，多数の中から特定の条件に合ったものをふるい分けるスクリーニングに使用される（第 10 章でより詳しく説明する）．

表6.2 相関係数行列と有意確率の求め方

(A) 相関係数行列

	平均	標準偏差	相関係数						
			従業員数	営業キロ(キロ)	駅数(駅)	在籍客車数(両)	年間輸送人員(千人)	旅客輸送人キロ(百万人キロ)	客車走行キロ(千キロ)
従業員数	3,558	2,170	1.000	0.706	0.804	0.824	0.637	0.732	0.826
営業キロ(キロ)	179.4	146.6	0.706	1.000	0.951	0.619	0.167	0.448	0.796
駅数(駅)	115	77	0.804	0.951	1.000	0.677	0.302	0.551	0.810
在籍客車数(両)	1,089	641	0.824	0.619	0.677	1.000	0.845	0.908	0.661
年間輸送人員(千人)	591,322	514,200	0.637	0.167	0.302	0.845	1.000	0.908	0.661
旅客輸送人キロ(百万人キロ)	7,377	4,438	0.732	0.448	0.511	0.949	0.908	1.000	0.882
客車走行キロ(千キロ)	146,143	81,678	0.826	0.796	0.810	0.948	0.661	0.882	1.000

(B) 相関係数の t 値

	相関係数の t 値						
	従業員数	営業キロ(キロ)	駅数(駅)	在籍客車数(両)	年間輸送人員(千人)	旅客輸送人キロ(百万人キロ)	客車走行キロ(千キロ)
従業員数		3.730	5.059	5.442	3.092	4.020	5.483
営業キロ(キロ)	3.730		11.508	2.949	0.634	1.875	4.920
駅数(駅)	5.059	11.508		3.442	1.185	2.471	5.168
在籍客車数(両)	5.442	2.949	3.442		5.912	8.109	3.296
年間輸送人員(千人)	3.092	0.634	1.185	5.912		8.109	3.296
旅客輸送人キロ(百万人キロ)	4.020	1.875	2.224	11.263	8.109		7.003
客車走行キロ(千キロ)	5.483	4.920	5.168	11.145	3.296	7.003	

(C) 相関係数の有意確率

	相関係数の有意確率						
	従業員数	営業キロ(キロ)	駅数(駅)	在籍客車数(両)	年間輸送人員(千人)	旅客輸送人キロ(百万人キロ)	客車走行キロ(千キロ)
従業員数		0.00224	0.00017	0.00009	0.00796	0.00127	0.00008
営業キロ(キロ)	0.00224		0.00000	0.01057	0.53646	0.08181	0.00023
駅数(駅)	0.00017	0.00000		0.00397	0.25562	0.02696	0.00014
在籍客車数(両)	0.00009	0.01057	0.00397		0.00004	0.00000	0.00530
年間輸送人員(千人)	0.00796	0.53646	0.25562	0.00004		0.00000	0.00530
旅客輸送人キロ(百万人キロ)	0.00127	0.08181	0.04309	0.00000	0.00000		0.00001
客車走行キロ(千キロ)	0.00008	0.00023	0.00014	0.00000	0.00530	0.00001	

表 6.3 相関係数行列の一例

	平均	標準偏差	相関係数						
			従業員数	営業キロ(キロ)	駅数(駅)	在籍客車数(両)	年間輸送人員(千人)	旅客輸送人キロ(百万人キロ)	客車走行キロ(千キロ)
従業員数	3,558	2,170	1.000	0.706**	0.804***	0.824***	0.637**	0.732**	0.826***
営業キロ(キロ)	179.4	146.6	0.706**	1.000	0.951***	0.619*	0.167	0.448+	0.796***
駅数(駅)	115	77	0.804***	0.951***	1.000	0.677**	0.302	0.551*	0.81***
在籍客車数(両)	1,089	641	0.824***	0.619*	0.677**	1.000	0.845***	0.908***	0.661**
年間輸送人員(千人)	591,322	514,200	0.637**	0.167	0.302	0.845***	1.000	0.908***	0.661**
旅客輸送人キロ(百万人キロ)	7,377	4,438	0.732**	0.448+	0.511*	0.949***	0.908***	1.000	0.882***
客車走行キロ(千キロ)	146,143	81,678	0.826***	0.796***	0.81***	0.948***	0.661**	0.882***	1.000

$+p<0.1$;$^{*}p<0.05$;$^{**}p<0.01$;$^{***}p<0.001$

　そのため，統計学的に言うとどうも……という使い方もされる。実際，ここで取り扱っている私鉄大手 16 社のデータは何か別の母集団からの無作為標本のデータというわけではない。むしろこれ自体が母集団といってよいだろう。したがって，統計学的には，相関係数は意味があるが，それを検定すること自体が無意味である。しかし，相関関係のある変数の対をスクリーニングしてピックアップするためには，有意水準を表示する方が便利なので，無意味でも有意水準を表示することが多い。

　そもそも母集団の記述統計に有意確率を考えること自体が本質的にはおかしいのだが，読み手としては，一つの判断材料が提供されている程度に理解するしかないだろう。ただし，統計学的には，あくまでも無作為標本データでない限り，有意確率に意味はないということは頭にとどめておいてほしい。

● 演習問題

① 表 6.1 の私鉄大手 16 社比較は，2010 年 3 月末現在のものなので，これを最新のものにアップデートしなさい。その最新のデータを使って，表 6.3 のような相関係数行列を作成しなさい。

② 表 6.1 の私鉄大手 16 社比較をすべて順位データにしなさい。その順位データを使って，表 6.3 のような相関係数行列を作成しなさい（付録 6-2 も参照のこと）。

付録6-1　相関係数の性質の証明

相関係数のもっている性質を証明しておこう。

性質1　相関係数 r_{xy} は x と y とを入れ換えても変化しない。

〈証明〉相関係数の定義式から明らか。

性質2　相関係数 r_{xy} の値は，両変数の1次変換 $x'=ax+b$, $y'=cy+d$, $ac>0$ によっても変わらない。

〈証明〉

$$r_{x'y'} = \frac{\sum\{ax_i+b-\overline{(ax+b)}\}\{cy_i+d-\overline{(cy+d)}\}}{\sqrt{\sum\{ax_i+b-\overline{(ax+b)}\}^2}\sqrt{\sum\{cy_i+d-\overline{(cy+d)}\}^2}} = \frac{ac\sum(x_i-\bar{x})(y_i-\bar{y})}{a\sqrt{\sum(x_i-\bar{x})^2}\,c\sqrt{\sum(y_i-\bar{y})^2}} = r_{xy}$$

性質3　$-1 \leq r_{xy} \leq 1$

〈証明〉最初に t に関する次のような2次式を考える。

$$h(t) = \sum_i (a_i t - b_i)^2 = t^2 \sum a_i^2 - 2t \sum a_i b_i + \sum b_i^2$$

$h(t) \geq 0$ だから，この2次式の判別式 D が正になることはなく，

$$\frac{D}{4} = \left(\sum a_i b_i\right)^2 - \sum a_i^2 \sum b_i^2 \leq 0$$

この式は，シュワルツの不等式（Schwarz's inequality）と呼ばれる。
　そこで $a_i = x_i - \bar{x}$, $b_i = y_i - \bar{y}$ とおくと

$$r_{xy}^2 = \frac{\left\{\sum(x_i-\bar{x})(y_i-\bar{y})\right\}^2}{\sum(x_i-\bar{x})^2 \sum(y_i-\bar{y})^2} \leq 1$$

性質4 $|r_{xy}|=1$ の必要十分条件は (x_i, y_i), $i=1, 2, \cdots, n$ がすべて同一直線上にあることである。

〈証明〉（十分性の証明）(x_i, y_i), $i=1, 2, \cdots, n$ がすべて同一直線 $y=ax+b$ 上にあれば，$y_i=ax_i+b$, $i=1, 2, \cdots, n$ となり，$\sum y_i = a\sum x_i + nb$ ゆえに，$\bar{y} = a\bar{x} + b$ となる。つまり $(\bar{x}, \bar{y})$ もこの直線 $y=ax+b$ 上にある。したがって，

$$(x_i - \bar{x})t - (y_i - \bar{y}) = 0, \quad i=1, 2, \cdots, n \quad \cdots\cdots (2)$$

いま，次の2次式

$$h(t) = \sum\{(x_i - \bar{x})t - (y_i - \bar{y})\}^2 = t^2\sum(x_i - \bar{x})^2 - 2t\sum(x_i - \bar{x})(y_i - \bar{y}) + \sum(y_i - \bar{y})^2$$

を考えると，常に $h(t) \geqq 0$ なので，t は(2)式から方程式 $h(t)=0$ の重根でなければならない。よって，判別式

$$\frac{D}{4} = \left\{\sum(x_i - \bar{x})(y_i - \bar{y})\right\}^2 - \sum(x_i - \bar{x})^2\sum(y_i - \bar{y})^2 = 0$$

これから $r_{xy}{}^2 = 1$ となる。

（必要性の証明：背理法で証明する）(2)式を満たす t が存在しないと仮定すると，

$$h(t) = \sum\{(x_i - \bar{x})t - (y_i - \bar{y})\}^2 > 0$$

となり，判別式 D は負でなければならないために $r_{xy}{}^2 < 1$ となる。これは矛盾。よって $r_{xy}{}^2 = 1$ となるのは，(1)式を満たす t が存在するときに限られる。したがって，(x_i, y_i), $i=1, 2, \cdots, n$ はすべて同一直線上にある。

付録6-2　スピアマンの順位相関係数

いま，順位データ $(x_1, y_1), (x_2, y_2), \cdots, (x_n, y_n)$ を作成する。当然のことながら，x_i, y_i はともに 1 から n までの整数値をとることになる。この 2 変数の順位データを数値として相関係数を計算したものが，**スピアマンの順位相関係数**（Spearman's rank correlation coefficient あるいは Spearman's ρ）と呼ばれるものになる。ここでは，r_S で表すことにしよう。順序尺度データをあたかも間隔尺度，比率尺度のデータとして扱って計算しているので，乱暴極まりない行為だが。

ただし，x_i, y_i はともに 1 から n までの整数値なので，その性質を使うと，元の相関係数よりも計算式は簡単になる。まず，

$$\sum x_i = \sum y_i = 1 + 2 + \cdots + n = \frac{n(n+1)}{2}$$

$$\sum x_i^2 = \sum y_i^2 = 1^2 + 2^2 + \cdots + n^2 = \frac{n(n+1)(2n+1)}{6}$$

このことを用いると，x と y の平方和は

$$ns_x^2 = ns_y^2 = \sum x_i^2 - n\bar{x}^2 = \frac{n(n+1)(2n+1)}{6} - \frac{n(n+1)^2}{4} = \frac{n(n^2-1)}{12}$$

また

$$ns_{xy} = \sum x_i y_i - n\bar{x}\bar{y} = \frac{-\sum(x_i - y_i)^2 + \sum x_i^2 + \sum y_i^2}{2} - n\bar{x}^2$$

$$= -\frac{\sum(x_i - y_i)^2}{2} + \sum x_i^2 - n\bar{x}^2$$

$$= -\frac{\sum(x_i - y_i)^2}{2} + \frac{n(n^2-1)}{12}$$

これから

$$r_S = r_{xy} = \frac{s_{xy}}{s_x s_y} = 1 - \frac{6\sum(x_i - y_i)^2}{n(n^2-1)} \quad \cdots\cdots (3)$$

となる。この式をスピアマンの順位相関係数の定義だとする教科書もたまにあるが、正確ではない。相関係数の定義自体はピアソンの積率相関係数とまったく同じである。ただ、順位データが 1 から n までの整数であることを利用して簡便化した計算式に過ぎない。

導出から明らかなように、順位の付け方を昇順にしても降順にしても、順位相関係数の値は変わらない。この計算式（3）式の分子にある $x_i - y_i$ に着目すると，

> ① 変数間の順位が完全に一致するならば、$x_i - y_i = 0$ であるから、$r_S = 1$ となる。
> ② 変数間の順位が完全に不一致ならば、$y_i = n + 1 - x_i,\ i = 1, 2, \cdots, n$ であるから，
>
> $$\sum (x_i - y_i)^2 = \sum \{2x_i - (n+1)\}^2 = \frac{n(n^2 - 1)}{3}$$
>
> したがって、$r_S = -1$ となる。

この両極端のケースからもわかるように、$0 < r_S \leq 1$ のときは、変数間の順位が一致している傾向があり、$-1 \leq r_S < 0$ のときは、変数間の順位が一致していない傾向がある。

順位相関係数は順位という粗い情報しか用いない。実は、通常の相関係数は少数個の大きな数字で決まってしまい、実際に役立たないことがある。このような場合、情報を少し落として、順位に変換し、おとなしくさせて、順位相関係数を求めればよいこともある。

ただし、r_S は順位を表す数値をあたかも間隔尺度であるかのように取り扱って、順位の上での隔たりの大きさを考慮して、ピアソンの r を求めたものなので、より正確には、順位を順序尺度として扱う順位相関係数を使うべきである。このことを考えているのが、第 7 章の付録 7-1 のケンドールの順位相関係数である。

第7章
クロス表の相関係数

7.1 クロス表の「相関係数」には向かない χ^2

第5章でクロス表の検定に使った χ^2 を相関の大きさを測ることに使おうとすると（つまり相関係数として使おうとすると）困った性質がある。

第5章の表5.6と同じ表を表7.1として再掲するが，表7.1 (A) の χ^2 を計算すると，

$$\chi^2 = \frac{(50-36)^2}{36} + \frac{(10-24)^2}{24} + \frac{(10-24)^2}{24} + \frac{(30-16)^2}{16}$$

$$= 34.02777\cdots\cdots$$

だった。ところが，表7.1のすべてのセルの度数を10倍した度数をもった表7.2の (A) で χ^2 を計算すると，

表7.1 2つのクロス表の乖離

(A) 観測されたクロス表

質問 Q1	質問 Q2		計
	1. はい	2. いいえ	
1. はい	50	10	60
2. いいえ	10	30	40
計	60	40	100

(B) 無相関の場合

質問 Q1	質問 Q2		計
	1. はい	2. いいえ	
1. はい	36	24	60
2. いいえ	24	16	40
計	60	40	100

表7.2　表7.1の10倍の度数のクロス表

(A) 観測されたクロス表

質問 Q1	質問 Q2		計
	1. はい	2. いいえ	
1. はい	500	100	600
2. いいえ	100	300	400
計	600	400	1000

(B) 無相関の場合

質問 Q1	質問 Q2		計
	1. はい	2. いいえ	
1. はい	360	240	600
2. いいえ	240	160	400
計	600	400	1000

$$\chi^2 = \frac{(500-360)^2}{360} + \frac{(100-240)^2}{240} + \frac{(100-240)^2}{240} + \frac{(300-160)^2}{160}$$

$$= 340.2777\cdots$$

つまり χ^2 も10倍になってしまうのである。

　一般的にいえば，もともとの χ^2 の計算式を見ればわかるように，標本サイズ n が k 倍になれば，分母は k 倍だが，分子は k^2 倍になり，結局 χ^2 は k 倍になる。実際に計算式に，クロス表の各セルの度数にある定数 k をかけた度数を代入してみると，そのときの χ^2 の値 $\chi_{(k)}^2$ は，次の式のように，元の χ^2 値の k 倍になる。

$$\chi_{(k)}^2 = \sum_i \sum_j \frac{\left[kf_{ij} - \frac{kf_{i\cdot} \cdot kf_{\cdot j}}{kn}\right]^2}{\frac{kf_{i\cdot} \cdot kf_{\cdot j}}{kn}} = k\chi^2 \quad \cdots\cdots (1)$$

　χ^2 のとりうる値の範囲について，より正確にいえば，χ^2 は，無相関の状態からの乖離を表しているものなので，無相関のクロス表の χ^2 は，定義上 0 になる。それに対して，完全相関のときに χ^2 の値は最大となり，後述する計算式から明らかになることだが，$\chi^2 = n$ となる。つまり理論上，χ^2 値は最小 0〜最大 n の値をとりうることになる。したがって，このピアソンの χ^2 検定量は標本サイズ n に比例していくらでも大きくなりうる。
　したがって，同じ標本サイズの2つのクロス表の間では χ^2 を使って相

関の大きさを比較することができるが，標本サイズの違うクロス表の間では，χ^2 を使った相関の大きさの比較は無意味になる。

つまり，χ^2 をそのまま相関係数として使うことは問題がある。そこで，(a) 標本サイズに影響されないように，また通常の相関係数のように，(b) 無相関のときに 0，(c) 完全相関のときに 1 をとるようにするには，χ^2 を標本サイズ n で割ってやって得られた数値で相関を測れるのではないかというアイデアを思いつく。実際，この値，もしくはその平方根が相関係数として使われるのである。

7.2 χ^2 から生まれた相関係数 ϕ 係数

そこで，χ^2 を n で割ってやることで，

$$\phi^2 = \frac{\chi^2}{n}$$

を定義してやればよい。ギリシャ文字 ϕ は「ファイ」と読む。これは，相対度数によりクロス表の χ^2 を求めたのと同じことになる。つまり，$\Sigma_i \Sigma_j f_{ij} = n$，$\Sigma_i \Sigma_j f_{i \cdot} f_{\cdot j} = n^2$ に注意すれば，

$$\phi^2 = \chi_{(\frac{1}{n})}^2 = \frac{\chi^2}{n}$$

$$= \Sigma_i \Sigma_j \frac{\left[f_{ij}^2 - \dfrac{2 f_{ij} f_{i \cdot} f_{\cdot j}}{n} + \left(\dfrac{f_{i \cdot} f_{\cdot j}}{n} \right)^2 \right]}{f_{i \cdot} f_{\cdot j}}$$

$$= \Sigma_i \Sigma_j \frac{f_{ij}^2}{f_{i \cdot} f_{\cdot j}} - \Sigma_i \Sigma_j \frac{2 f_{ij}}{n} + \Sigma_i \Sigma_j \frac{f_{i \cdot} f_{\cdot j}}{n^2}$$

$$= \Sigma_i \Sigma_j \frac{f_{ij}^2}{f_{i \cdot} f_{\cdot j}} - 1$$

導出の過程からもわかるように，この式は 2×2 以上のクロス表でも使うことができる。さらに 2×2 クロス表に関しては，この式の分母が $f_{1 \cdot} f_{0 \cdot} f_{\cdot 1} f_{\cdot 0}$ となるように通分した上で，その分子を f_{11}, f_{00}, f_{10}, f_{01} だけ

からなる式にして展開すると，次の形の式も得られる。

$$\phi^2 = \frac{(f_{11}f_{00} - f_{10}f_{01})^2}{f_{1\cdot}f_{0\cdot}f_{\cdot1}f_{\cdot0}} \quad \cdots\cdots (2)$$

どちらの式を用いて計算するにせよ，この ϕ^2 の平方根をとって，

$$\phi\text{ 係数}：\phi = \sqrt{\frac{\chi^2}{n}}$$

を定義する。ϕ 係数（ファイ係数）はこの定義からも明らかなように，

$$\phi \geqq 0$$

である。

実際，ϕ も ϕ^2 も相関係数としては望ましい性質を持っている。すなわち，

(a) 定義式 (2) 式の分子は，$f_{11}f_{00} = f_{10}f_{01}$ のとき，すなわち，x と y とが独立のとき，0 をとるので，このとき $\phi^2 = 0$ となる。

(b) 周辺度数 $f_{1\cdot}, f_{0\cdot}, f_{\cdot1}, f_{\cdot0}$ を固定したとき，定義式 (2) の分子は
① $f_{10} = f_{01} = 0$（正の完全相関）のとき最大値 $f_{11}f_{00}$ をとる。このとき $\phi^2 = 1$
② $f_{11} = f_{00} = 0$（負の完全相関）のとき最小値 $-f_{10}f_{01}$ をとる。このとき $\phi^2 = 1$

となって，正負の完全相関のとき値 1 をとる。

実はこれから示すように，2×2 クロス表の場合には，この ϕ 係数は 2 つの変数をダミー変数化して計算した前章のピアソンの積率相関係数 r やケンドールの順位相関係数タウ b τ_b の絶対値と一致する（付録 7-1）。より正確に言えば，正の相関があるときには ϕ 係数そのまま，負の相関があるときには ϕ 係数にマイナスをつけるとピアソンの積率相関係数 r やケンドールの順位相関係数タウ b τ_b と同じ値になる。

先ほどから例として計算してきた表7.1 の (A) の場合には，正の相関があるので

$$\chi^2 = \frac{(50-36)^2}{36} + \frac{(10-24)^2}{24} + \frac{(10-24)^2}{24} + \frac{(30-16)^2}{16}$$

$$= 34.02777\cdots\cdots$$

$$r = \tau_b = \phi = \sqrt{\frac{\chi^2}{n}} \fallingdotseq 0.583$$

となる。したがってこれ以降は，2×2クロス表の相関はピアソンの積率相関係数 r で表すことにしよう。

7.3　2×2クロス表のピアソンの積率相関係数

2×2クロス表のピアソンの積率相関係数は，表7.3のように，一方のカテゴリーに0，他方のカテゴリーに1という数値を与えて，ダミー変数化して求める。

$$\bar{x} = \frac{f_{1\cdot}}{n} \qquad\qquad \bar{y} = \frac{f_{\cdot 1}}{n}$$

$$s_x^2 = \left(1 - \frac{f_{1\cdot}}{n}\right)\frac{f_{1\cdot}}{n} = \frac{f_{0\cdot}}{n}\frac{f_{1\cdot}}{n} \quad s_y^2 = \left(1 - \frac{f_{\cdot 1}}{n}\right)\frac{f_{\cdot 1}}{n} = \frac{f_{\cdot 0}}{n}\frac{f_{\cdot 1}}{n}$$

$$s_{xy} = \sum_i \frac{x_i y_i}{n} - \bar{x}\cdot\bar{y} = \frac{f_{11}}{n} - \frac{f_{1\cdot}}{n}\cdot\frac{f_{\cdot 1}}{n}$$

であるから

表7.3　2×2クロス表

x	y		計
	1	0	
1	f_{11}	f_{10}	$f_{1\cdot}$
0	f_{01}	f_{00}	$f_{0\cdot}$
計	$f_{\cdot 1}$	$f_{\cdot 0}$	n

$$r_{xy} = \frac{s_{xy}}{s_x s_y} = \frac{\dfrac{f_{11}}{n} - \dfrac{f_{1\cdot}}{n} \cdot \dfrac{f_{\cdot 1}}{n}}{\sqrt{\dfrac{f_{0\cdot}}{n} \cdot \dfrac{f_{1\cdot}}{n} \cdot \dfrac{f_{\cdot 0}}{n} \cdot \dfrac{f_{\cdot 1}}{n}}} = \frac{n f_{11} - f_{1\cdot} f_{\cdot 1}}{\sqrt{f_{0\cdot} f_{1\cdot} f_{\cdot 0} f_{\cdot 1}}}$$

$$= \frac{(f_{11} + f_{10} + f_{01} + f_{11}) f_{11} - (f_{11} + f_{10})(f_{01} + f_{11})}{\sqrt{f_{0\cdot} f_{1\cdot} f_{\cdot 0} f_{\cdot 1}}}$$

$$= \frac{f_{11} f_{00} - f_{10} f_{01}}{\sqrt{f_{0\cdot} f_{1\cdot} f_{\cdot 0} f_{\cdot 1}}}$$

この2乗は (2) 式の ϕ^2 と一致するので,
$$r_{xy}{}^2 = \phi^2$$

ピアソンの積率相関係数 r_{xy} の値は両変数の正の1次変換によって変わらないので，2つのカテゴリーが，0，1ではなくても，同様の大小関係のある数値データ，たとえば，0，10や1，2であっても，数値データとして与えられているのであれば，このような $r_{xy}{}^2 = \phi^2$ という関係は保証される。2×2クロス表に対して適用したピアソンの積率相関係数は，四分点相関係数 (four-fold point correlation coefficient)，略して，点相関係数 (point correlation coefficient)，あるいは四分積率相関係数または四分表に対するピアソンの相関係数といわれることもある。これ以降，特に変数を明示する必要がない場合には，ピアソンの積率相関係数は r と表記する。

7.4　様々な相関係数の2×2クロス表

たとえば表7.4の (2) は直感的に相関があるように見えるが（実際, $\chi^2 = 8$ となり，1%水準で有意である），相関係数は $r = 0.2$ しかない。このように，クロス表では相関係数は一般に低めであり，高い相関係数は出にくいということを知っておくとよい。

ここで，この形式のクロス表の相関係数の求め方を考えてみよう。まず，$\phi = 0$（独立）のときの期待度数を求めてみよう。9枚のクロス表はすべて同じ周辺度数なので，期待度数も同じになり，表7.5の (A) に示すような期待度数になる。つまり，どのセルにも同じ度数50が入ることになる。

表7.4 様々な相関係数の2×2クロス表（$n=200$）

(1)

x	y		計
	y_1	y_0	
x_1	55	45	100
x_0	45	55	100
計	100	100	200

$r=0.1$, $\chi^2=2$

(2)

x	y		計
	y_1	y_0	
x_1	60	40	100
x_0	40	60	100
計	100	100	200

$r=0.2$, $\chi^2=8^{**}$

(3)

x	y		計
	y_1	y_0	
x_1	65	35	100
x_0	35	65	100
計	100	100	200

$r=0.3$, $\chi^2=18^{***}$

(4)

x	y		計
	y_1	y_0	
x_1	70	30	100
x_0	30	70	100
計	100	100	200

$r=0.4$, $\chi^2=32^{***}$

(5)

x	y		計
	y_1	y_0	
x_1	75	25	100
x_0	25	75	100
計	100	100	200

$r=0.5$, $\chi^2=50^{***}$

(6)

x	y		計
	y_1	y_0	
x_1	80	20	100
x_0	20	80	100
計	100	100	200

$r=0.6$, $\chi^2=72^{***}$

(7)

x	y		計
	y_1	y_0	
x_1	85	15	100
x_0	15	85	100
計	100	100	200

$r=0.7$, $\chi^2=98^{***}$

(8)

x	y		計
	y_1	y_0	
x_1	90	10	100
x_0	10	90	100
計	100	100	200

$r=0.8$, $\chi^2=128^{***}$

(9)

x	y		計
	y_1	y_0	
x_1	95	5	100
x_0	5	95	100
計	100	100	200

$r=0.9$, $\chi^2=162^{***}$

表7.5 期待度数と観測度数

(A) $\phi=0$（独立）のときの期待度数

x	y		計
	y_1	y_0	
x_1	50	50	100
x_0	50	50	100
計	100	100	200

(B) $\phi=0$（独立）のときの期待度数（$a=50$）

x	y		計
	y_1	y_0	
x_1	a	a	$2a$
x_0	a	a	$2a$
計	$2a$	$2a$	$4a$

(C) クロス表(1)〜(9)にある観測度数（$a=50$）

x	y		計
	y_1	y_0	
x_1	$a+b$	$a-b$	$2a$
x_0	$a-b$	$a+b$	$2a$
計	$2a$	$2a$	$4a$

7.4 様々な相関係数の2×2クロス表

これを a と置くと，今度は（B）のように表現することができる．つまり，実は 9 枚のクロス表にある観測度数は，（C）のように表現することができる．

9 枚のクロス表のこの性質を使って，9 枚のクロス表（いずれも正の相関）の相関係数をまとめて計算してしまおう．

$$\chi^2 = \frac{b^2}{a} + \frac{b^2}{a} + \frac{b^2}{a} + \frac{b^2}{a} = \frac{4b^2}{a}$$

$$\phi^2 = \frac{\left(\frac{4b^2}{a}\right)}{4a} = \frac{b^2}{a^2}$$

$$\therefore r = \phi = \frac{b}{a}$$

したがって，クロス表（i）の相関係数 $r=i/10$．つまり，表 7.4 のように，クロス表（1）の相関係数 $r=0.1$，クロス表（2）の相関係数 $r=0.2$，……，クロス表（9）の相関係数 $r=0.9$ ということになる．

クロス表の相関係数は，相対度数で決まるので，相関係数がどのくらいになるのかのイメージをつかむためには，このタイプの対称的なクロス表は便利である．要するに，表 7.5（C）を見ればわかるように，行でも列でも隣り合ったセルの度数の差 $2b$ を度数の計 $2a$ で割ったもの b/a が相関係数になる．たとえば，表 7.4 の（2）では，隣り合ったセルの度数の差は $60-40=20$，計は $60+40=100$ なので，相関係数は 0.2 になる．つまり，隣り合ったセルの行あるいは列で見た相対度数の差 $0.6-0.4=0.2$ が，そのまま相関係数になるのである．

7.5　$s \times t$ クロス表と V 係数

第 5 章でも示したように，$s \times t$ クロス表（$s \leq t$）のような場合でも，自由度が $(s-1) \times (t-1)$ になるだけで，2×2 のクロス表と全く同じ手順で検定を行うことができる．しかし，相関係数はどのように考えればよいだろうか．

2×2クロス表の場合には，カテゴリーが2つしかなかったので，ϕ係数のように相関係数の符号を考えないのであれば問題はなかった。しかし，名義尺度（第1章付録1-2参照）でカテゴリーが3つ以上になった場合，カテゴリーは何か固有の順序で並んでいるわけではないので，単純に相関を考えることが難しくなる。カテゴリーの並べ方は，カテゴリーが3つのときでも，3個のものから3個をとる順列の個数である $_3P_3 = 3 \cdot 2 \cdot 1 = 6$ 通りもあることになる。

このように，一般の $s \times t$ クロス表では，2つの変数のカテゴリーは，それぞれ必ずしも固定した順序で並んでいるわけではないので，まずは，いくつかのカテゴリーを統合して，2×2クロス表の形に直すことを考えるのが賢明である。こうすれば，既に述べたような各種の相関係数が使え，しかもどの相関係数を使っても同じ値になり，解釈に迷いが生じない。クロス表自体に説得力があり，直感的にも結果の理解を容易にするので，実用的に望ましい。

しかし，カテゴリーが本質的に統合できない性質のもので，2×2クロス表の形に直すことができない場合，あるいは，実際のデータを見てからカテゴリーを統合すると，あまりにも恣意的になってしまうデータの場合には，$s \times t$ クロス表のままで，なんらかの相関係数を求めることになる。ただし，カテゴリーに固定した順序はないので，係数の値の符号の正負を考えることは無意味であり，係数は非負に限られる。

2×2クロス表と同様に，$s \times t$ クロス表でも，全く相関のない場合とは，2つの変数が独立な場合である。独立性の検定を考えることができる。つまり，第5章でも示したように，2×2クロス表と同様に $s \times t$ クロス表でも全く同じ式を使って，ピアソンの χ^2 検定量を計算することができる。異なるのは自由度だけであり，ピアソンはこうして計算した χ^2 の分布が近似的に自由度 $(s-1) \times (t-1)$ の χ^2 分布になることを示した。なぜなら，周辺度数が固定されている場合，$(s-1) \times (t-1)$ の変数を決めると，残りの変数は値が定まってしまうからである。2×2クロス表の自由度が1になることは，$s \times t$ クロス表の自由度 $(s-1) \times (t-1)$ の特殊な場合だということも容易にわかるだろう。

しかし，χ^2 は 2×2 クロス表のときと同様に，標本サイズ n に比例して，いくらでも大きくなってしまうという性質があるので，χ^2 を相関係数として使うことには，2×2 クロス表のときと同様の問題がある。そこで，2×2 クロス表のときと同様に ϕ 係数を使うことを考えてみよう。独立で無相関のときは，χ^2 が 0 になるので，$\phi=0$ となるので問題はない。問題は，完全相関のときである。

$s×t$ クロス表での完全相関の例を考えてみよう。$s=t$ のときは，対角線上のセルだけが度数をもち，他のセルが全て度数 0 となる表 7.6 の (A) のようなクロス表は完全相関であるといえる。ただし，対角線上に並んでいる必要は必ずしもなく，各行（あるいは各列）で 1 つのセルだけが度数をもち，他のセルが全て度数 0 であれば，完全相関である。その場合には，カテゴリーを並べ替えることで，(A) のように対角線上に並べることができる。

しかし，$s<t$ のときは，こう単純にはいかない。完全相関とは，y の値が決まると，x の値も決まるということであると考えて，(i) 各列において度数 0 でないセルは 1 個，(ii) 各行において度数 0 でないセルは 1 個以上 $t-s+1$ 個以下となっているときに，完全相関と考えることにしよう。たとえば，表 7.6 (B) のようなクロス表になる。

この完全相関のときの ϕ 係数を計算すると，

$$\phi^2 = \Sigma_i \Sigma_j \frac{f_{ij}^2}{f_{i.}f_{.j}} - 1 = s - 1$$

となる。そこで，完全相関のときに 1 の値をとるように，次のような係数を考える。

$$V = \sqrt{\frac{\phi^2}{s-1}} \qquad s \leq t$$

これは，クラマーの V 係数（Cramer's V）と呼ばれるもので，これまでのことからもわかるように，

$$0 \leq V \leq 1$$

表7.6 完全相関のクロス表

(A) $s=t$ のときの一例

x	y					計
	y_1	y_2	y_3	⋯	y_t	
x_1	f_{11}	0	0	⋯	0	$f_{1\cdot}$
x_2	0	f_{22}	0	⋯	⋮	$f_{2\cdot}$
x_3	0	0	f_{33}	⋯	0	$f_{3\cdot}$
⋮	⋮	⋮	⋮	⋱	⋮	⋮
x_s	0	0	0	⋯	f_{st}	$f_{s\cdot}$
計	$f_{\cdot 1}$	$f_{\cdot 2}$	$f_{\cdot 3}$	⋯	$f_{\cdot t}$	n

(B) $s<t$ のときの一例

x	y				計
	y_1	y_2	y_3	y_4	
x_1	f_{11}	0	0	0	$f_{1\cdot}$
x_2	0	f_{22}	f_{23}	0	$f_{2\cdot}$
x_3	0	0	0	f_{34}	$f_{3\cdot}$
計	$f_{\cdot 1}$	$f_{\cdot 2}$	$f_{\cdot 3}$	$f_{\cdot 4}$	n

という，相関係数としてふさわしい性質をもっている。しかも，2×t クロス表のときは $V=\phi$ という性質があり，もちろん，2×2 クロス表のときも，両係数は一致するので，2×2 クロス表のときも含めて，一般にクロス表の相関係数としては，統一的にクラマーの V 係数を用いるようにしておく手もある。

● 演 習 問 題

1. 第5章の演習問題1で作成したクロス表の相関係数を計算しなさい。

2. 第4章の表4.1（A）のクロス表の検定を行い，相関係数を計算しなさい。

付録 7-1　ケンドールの順位相関係数

ケンドールの順位相関係数（Kendall's rank correlation coefficient）τ は純粋に観測値の大小関係のみを反映した相関係数である（ギリシャ文字 τ は「タウ」と読む）。したがって，どちらがどれくらい大きいとか小さいとかを一切考慮しない。

いまスピアマンの順位相関係数のときと同様の順位データ (x_1, y_1)，(x_2, y_2), $\cdots$, (x_n, y_n) が与えられているとしよう。このような順位データの相関係数であるケンドールの τ は，次の2つのケースに対応して，τ_a と τ_b の2種類の τ が考え出されている。

(a)　同順位がない場合

個体2つずつの対を考えて（全部で ${}_nC_2=n(n-1)/2$ 個の観測値の対），この各対を次のように分類する。

$$\begin{cases} A: x \text{の大小関係の方向と} y \text{の大小関係の方向が一致しているもの。正順と呼ぶ。} \\ B: x \text{の大小関係の方向と} y \text{の大小関係の方向が反対になっているもの。逆順と呼ぶ。} \end{cases}$$

A，B に該当する対の個数を ΣA，ΣB と表す。全部で $n(n-1)/2$ 個の対に占める，正順の対の個数 ΣA と逆順の対の個数 ΣB との差の割合を順位相関係数と考えるのである。

$$\tau_a = \frac{\sum A - \sum B}{\dfrac{n(n-1)}{2}}$$

これが，ケンドールの順位相関係数タウ a τ_a（Kendall's τ_a）である。ここで，$n(n-1)/2 = \Sigma A + \Sigma B$ であるから，当然のことながら，$-1 \leqq \tau_a \leqq 1$ となる。τ_a が1や-1の値をとるのは次の場合である。

① 全部の対が正順：x の大小関係の方向と y の大小関係の方向がすべて一致しているとき，

$$\Sigma A - \Sigma B = \frac{n(n-1)}{2} - 0 \text{ となり, } \tau_a = 1$$

② 全部の対が逆順：x の大小関係の方向と y の大小関係の方向がすべて反対になっているとき，

$$\Sigma A - \Sigma B = 0 - \frac{n(n-1)}{2} \text{ となり, } \tau_a = -1$$

(b) 同順位がある場合

既に定義した正順 A, 逆順 B に加えて，次の二種類の同順位を考える必要がある。

$\begin{cases} C：x \text{ の値が等しい（＝同順位）場合} \\ D：y \text{ の値が等しい（＝同順位）場合} \end{cases}$

こうして定めた A, B, C, D に該当する対の個数を ΣA, ΣB, ΣC, ΣD と表すと，

$$\tau_b = \frac{\sum A - \sum B}{\sqrt{\frac{n(n-1)}{2} - \sum C} \sqrt{\frac{n(n-1)}{2} - \sum D}}$$

先ほどの (a) 同様に，$-1 \leq \tau_b \leq 1$ となる。

同順位がない場合，$\Sigma C = \Sigma D = 0$ なので，$\tau_b = \tau_a$ となる。したがって，同順位のあるなしにかかわらず，τ_b を計算すればよいことになる。

実は，この同順位がある場合のケンドールの順位相関係数であれば，クロス表にもそのまま適用できる。特に，2×2 クロス表の場合には，ピアソンの積率相関係数 r とケンドールの順位相関係数タウ b τ_b (Kendall's τ_b) との間に，$\tau_b = r$ という関係もある。いまケンドールの順位相関係数の考え方をクロス表にそのまま適用してみよう。

$$\Sigma A = f_{11} f_{00}$$
$$\Sigma B = f_{01} f_{10}$$

さらに，同じセルに属する 2 つの個体（観測値）のつくる対は，x についても y についても同順位なので，セル (i, j) に属する f_{ij} 個の個体のすべ

ての組合せ

$$_{fij}C_2 = \frac{f_{ij}(f_{ij}-1)}{2}$$

となる。したがって，

$$\Sigma C = \frac{f_{11}(f_{11}-1)}{2} + \frac{f_{10}(f_{10}-1)}{2} + \frac{f_{01}(f_{01}-1)}{2} + \frac{f_{00}(f_{00}-1)}{2}$$
$$+ f_{11}f_{10} + f_{01}f_{00}$$

$$\Sigma D = \frac{f_{11}(f_{11}-1)}{2} + \frac{f_{10}(f_{10}-1)}{2} + \frac{f_{01}(f_{01}-1)}{2} + \frac{f_{00}(f_{00}-1)}{2}$$
$$+ f_{11}f_{01} + f_{10}f_{00}$$

このうち ΣC については，

$$2\Sigma C = f_{11}^2 + 2f_{11}f_{10} + f_{10}^2 + f_{01}^2 + 2f_{01}f_{00} + f_{00}^2 + f_{11} + f_{10} + f_{01} + f_{00}$$
$$= (f_{11} + f_{10})^2 + (f_{01} + f_{00})^2 + n$$
$$= f_{1\cdot}^2 + f_{0\cdot}^2 + n$$

よって，

$$n(n-1) - 2\Sigma C = n(n-1) - (f_{1\cdot}^2 + f_{0\cdot}^2 + n) = n^2 - f_{1\cdot}^2 + f_{0\cdot}^2 = 2f_{1\cdot}f_{0\cdot}$$

同様にして，

$$n(n-1) - 2\Sigma D = 2f_{\cdot 1}f_{\cdot 0}$$

したがって，

$$\tau_b = \frac{f_{11}f_{00} - f_{10}f_{01}}{\sqrt{f_{0\cdot}f_{1\cdot}f_{\cdot 0}f_{\cdot 1}}} = r$$

このように，2×2 クロス表では，ピアソンの積率相関係数 r だけでなく，ケンドールの順位相関係数を適用しても，その絶対値は ϕ 係数に一致する。つまり，2×2 クロス表については，関連の大きさ，相関の大きさを測ることについては，これらの相関係数の間で一致が見られている。

第8章 回帰分析

8.1 単回帰と相関係数

(1) 2つの問題

相関 (correlation) が，x と y を対等に見て，相互の関係を扱っていたのに対して，回帰 (regression) 分析では，近似直線 $y=a+bx$ をあてはめ，x から y が決定される一方向の関係を扱う。

2変数データに直線すなわち1次式 $y=a+bx$ をあてはめるには，次の2つの問題を考える必要がある。

> 問題1 $y=a+bx$ をサイズ n の2変数データ (x_i, y_i)，$i=1, \cdots, n$ にうまくあてはまるように a, b を決める。
> 問題2 問題1で求められた直線すなわち1次式 $y=a+bx$ のデータへのあてはまり具合を測る。

問題1では，$y=a+bx$ という1次式は，変数 x によって変数 y を説明しようとするものなので，変数 x は説明変数または独立変数 (independent variable) と呼ばれ，変数 y は被説明変数または従属変数 (dependent variable) と呼ばれる。

この問題1を解く方法として最もよく知られているものは，最小2乗法 (method of least squares) と呼ばれる方法である。最小2乗法によって得られる直線を「y の x への回帰直線 (regression line)」または「y の x への回帰式 (regression equation)」と呼ぶ。このように，最小2乗法によっ

て直線を求めることを回帰分析と呼び，この問題のように説明変数が1つの場合には，単回帰と呼ばれる．また，より一般的に説明変数が複数個の場合には，重回帰（multiple regression analysis）と呼ばれる．もちろん，単回帰は重回帰の特殊なケースであるが，通常は，重回帰といえば，特に，説明変数が2個以上の場合を指す．

さらに問題2については，統計学では，重相関係数や決定係数を求める問題として扱われる．後述するように，単回帰の場合には，相関係数の絶対値は重相関係数と一致し，相関係数の2乗は決定係数とも一致するので，相関係数によってあてはまり具合を測ることができる．

(2) 最小2乗法

それでは，問題1：$y=a+bx$ が2変数データ (x_1, y_1)，…，(x_n, y_n) にうまくあてはまるように a, b を決めることを考えてみよう．最小2乗法とは，

$$\sum_{i=1}^{n}[y_i - (a+bx_i)]^2$$

を最小にするように a, b を決める方法である．

式の中の［　］内は，1次式による予測値 $a+bx_i$ と実際の観測値 y_i との差で，残差 e_i と呼ばれる．これは，観測値 (x_i, y_i) の直線 $y=a+bx$ からの乖離を垂直に y 軸方向に測ったものである．すなわち，最小2乗法とは，各点 (x_i, y_i) ごとに y 軸方向の残差 $e_i=y_i-(a+bx_i)$ を求め，それを2乗したものの総和「残差2乗和」を最小にするように a, b を決める方法なのである．この残差2乗和を最も小さくする直線 $y=a+bx$ が，2変数データ (x_1, y_1)，…，(x_n, y_n) に最もうまくあてはまる直線だと考えるのである．

このことを図示すると，図8.1のようになる．

残差2乗和を最小にするような a, b は，次のような簡単な式で求められることがわかっている（付録8-1）．

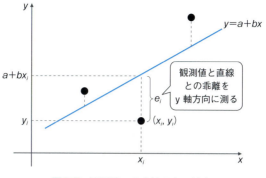

図 8.1 観測値への直線のあてはめ

$$b = \frac{\sum_{i=1}^{n}(x_i - \bar{x})(y_i - \bar{y})}{\sum_{i=1}^{n}(x_i - \bar{x})^2} = \frac{s_{xy}}{s_x^2} = r_{xy}\frac{s_y}{s_x}$$

$$a = \bar{y} - b\bar{x}$$

このようにして求められた b を回帰係数（regression coefficient），a を回帰定数あるいは y 切片（y-intercept）と呼ぶ。回帰係数 b の式から明らかなように，変数 x と y の分散が一定ならば，回帰係数 b は両変数の相関係数の大きさに比例することになる。特に，変数 x と y がともに標準化されていれば，$s_x=s_y=1$ なので，このときの回帰係数（「標準回帰係数」という）は相関係数に等しくなり，回帰定数は 0 になる。また相関係数が 0 のときは回帰係数 b も 0 になって，回帰直線は x 軸に平行になる。

8.2　2本の回帰直線と相関

同様にして，x の y への回帰直線 $x = a' + b'y$ の回帰係数，回帰定数も次のように求められる。

$$b' = \frac{s_{xy}}{s_y^2} = r_{xy}\frac{s_x}{s_y}$$
$$a' = \bar{x} - b'\bar{y}$$

このようにして，2 変数データ $(x_1, y_1), \cdots, (x_n, y_n)$ については，どちらを説明変数にし，どちらを被説明変数にするかで，2 本の回帰直線を引くことができる。この 2 本の回帰直線については，次の関係が成り立つ（証明は付録 8-2）。

性質 1 2 本の回帰直線は点 $(\bar{x}, \bar{y})$ で交わる。

性質 2 変数 x と変数 y の相関係数 r_{xy} の絶対値は，b と b' の絶対値の幾何平均となる。すなわち，$b'b = r_{xy}^2$

性質 3 $r_{xy} = \pm 1$ のとき，$\dfrac{1}{b'} = b$ で 2 本の回帰直線は重なる。

性質 4 相関係数 r_{xy} と回帰係数 b と b' の符号は一致する。

性質 5 $r_{xy} = 0$ のとき，$b = b' = 0$ で 2 本の回帰直線はそれぞれ x 軸，y 軸に平行な直線となり，直交する。

性質 6 $b' \neq 0$ のとき $\left|\dfrac{1}{b'}\right| \geq |b|$

　以上の性質をまとめると，相関の大きさと 2 本の回帰直線の関係は図 8.2 のように図示される。図 8.2 からもわかるように，y の x への回帰直線 $y = a + bx$ の方が常に傾きがゆるやかなものになる（性質 6）。しかも，相関が弱いほど，2 本の回帰直線の傾きの開きは大きなものになる。そして，無相関のときは，傾きの開きは 90°になり直交する。

　回帰直線の傾きは回帰係数 b で決まるので，回帰係数 b の絶対値が小さくて，回帰直線 $y = a + bx$ の傾きが小さいときには，実際にはこのように相関が弱く，ただ単に回帰直線のあてはまりの程度が低く，回帰直線の説明力が弱いだけという可能性のあることに注意する必要がある。実は，これからみていくように，問題 2：回帰直線のあてはまりの程度，説明力を見るには，相関係数の大きさを見ればよいのである。

(i) 正の相関

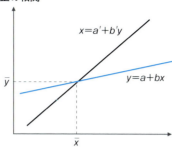

(ii) 負の相関

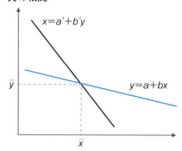

(iii) 無相関

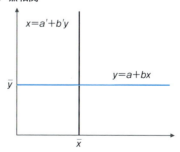

図 8.2　2本の回帰直線と相関

8.3　回帰直線を求める

　回帰直線を求めることは Excel を使えば簡単である。実際，たとえば第6章で表 6.1「私鉄大手 16 社比較」のデータをもとに Excel を使って散布図の図 6.1（この章では図 8.3 として再掲）のグラフを描いた後で，［レイアウト］［分析］［近似曲線］で［線形近似曲線］を選べば，図 8.4 のよう

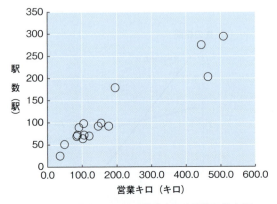

図 8.3　私鉄大手 16 社の営業キロと駅数の散布図

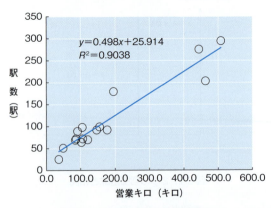

図 8.4　Excel で求めた回帰直線

に，近似曲線として回帰直線を簡単に描いてくれる．さらに，［その他の近似曲線オプション］で「グラフに数式を表示する」と「グラフに R-2 乗値を表示する」をチェックすると，回帰直線の式と次節で扱う決定係数 R^2 まで表示してくれる．この他にも回帰定数・切片を関数 INTERCEPT で，回帰係数を関数 SLOPE で，決定係数を関数 RSQ で別々に値だけ求めることもできる．

8.4　決 定 係 数

被説明変数の全平方和 $\sum(y_i - \bar{y})^2$ のうち，回帰直線で説明のつく平方和部分の割合を決定係数（coefficient of determination）と呼び，R^2 で表す．すなわち

$$R^2 = 1 - \frac{\sum[y_i - (a + bx_i)]^2}{\sum(y_i - \bar{y})^2}$$

単回帰の場合には，説明変数と被説明変数の相関係数の 2 乗が決定係数に等しくなることがわかっている．すなわち，

$$r_{xy}{}^2 = R^2$$

また回帰直線による予測値 $a + bx_i$ と実際の観測値 y_i との間の相関係数 R は，重相関係数（multiple correlation coefficient）と呼ばれる．

重相関係数は，回帰直線のあてはまりの程度を表していると考えられる．回帰直線のあてはまり具合を調べるために，回帰直線による予測値 $a + bx_i$ と実際の観測値 y_i とでプロットして散布図を描くことも有用な方法として推奨されている．実際に，予測値と観測値の散布図を描いてみるとすぐにわかるが，予測値と観測値が負の相関をすることはありえない．重相関係数は $0 \leqq R \leqq 1$ である．

さらに，重相関係数の 2 乗は決定係数に一致することもわかっている．すなわち

表 8.1 予測値と観測値

	営業キロ（キロ）	駅 数（駅）	駅数の予測値（駅）
東武鉄道（東武）	463.3	203	257
西武鉄道（西武）	176.6	92	114
京成電鉄（京成）	102.4	64	77
京王電鉄（京王）	84.7	69	68
小田急電鉄（小田急）	120.5	70	86
東京急行電鉄（東急）	104.9	98	78
京浜急行電鉄（京急）	87.0	72	69
東京地下鉄（東京メトロ）	195.1	179	123
相模鉄道（相鉄）	35.9	25	44
名古屋鉄道（名鉄）	444.2	275	247
近畿日本鉄道（近鉄）	508.1	294	279
南海電気鉄道（南海）	154.8	99	103
京阪電気鉄道（京阪）	91.1	89	71
阪急電鉄（阪急）	146.5	92	99
阪神電気鉄道（阪神）	48.9	51	50
西日本鉄道（西鉄）	106.1	72	79

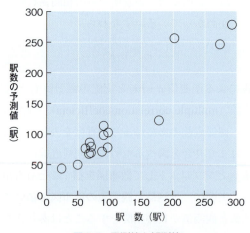

図 8.5 予測値と観測値

第 8 章 回 帰 分 析

$$(R)^2 = R^2$$

このことから，単回帰の場合には，相関係数の絶対値と重相関係数が等しいことになる．したがって，相関係数が大きいほど，回帰直線のあてはまり程度も良くなり，説明力も高いということになるのである．

決定係数が相関係数の 2 乗になっているので，たとえば，相関係数 $r_{xy}=0.7$ のとき，決定係数は $R^2=0.49$ となり，回帰分析を行って回帰直線を求めても，被説明変数の全平方和の 49％ しか説明できないことがわかる．相関係数の数字の印象に比べて，回帰直線の説明力が意外に低いことがわかる．相関係数 $r_{xy}=0.3$ であれば，決定係数は $R^2=0.09$ つまり被説明変数の全平方和のわずか 9％ しか説明していない．

8.5　回帰係数・回帰定数の検定

無作為標本のデータ $(X_1, Y_1), \dots, (X_n, Y_n)$ にもとづいて回帰分析を行なったとき，求められた回帰定数 a，回帰係数 b は確率変数となる．母集団での回帰直線が $y=\alpha+\beta x$ で，そのときの残差が x の値によらない等分散の正規分布で近似される場合（x と y の分布が 2 次元正規分布と呼ばれる分布で近似される場合には，こうなることがわかっている），回帰係数についての仮説，回帰定数についての仮説

$$H_0 : \beta=\beta^0, \quad H_0 : \alpha=\alpha^0$$

を検定するためには

$$t = \frac{b-\beta^0}{s.e.(b)}, \quad t = \frac{a-\alpha^0}{s.e.(a)} \quad \cdots\cdots (3)$$

がどちらも自由度 $n-2$ の t 分布にしたがうので，そのことを用いればよい．ここで，$s.e.(b)$，$s.e.(a)$ は標準誤差（standard error）と呼ばれ，次のように計算できる．

$$s.e.(b) = \frac{s}{\sqrt{\sum(X_i - \bar{X})^2}}, \quad s.e.(a) = \frac{s}{\sqrt{\frac{1}{n} + \frac{\bar{X}^2}{\sum(X_i - \bar{X})^2}}}$$

ただし

$$s^2 = \frac{\sum[Y_i - (a + bX_i)]^2}{n-2} = (1 - r_{xy}{}^2)\sum\frac{(Y_i - \bar{Y})^2}{n-2}$$

ところで，仮説の中の β^0，α^0 は分析を行う人が決める定数であるが，特に回帰係数について一般によく用いられるのは $\beta^0 = 0$ である．つまり，「説明変数 x は被説明変数 y に影響を与えない」という仮説である．この仮説のときの t の値を t 値という．かつて統計数値表で確率を求めていた時代（安価なコンピュータが身近になかった時代）には，自由度が 60 以上あると，t 値が 2 より大きければ有意確率が 5% 未満になったので，t 値を計算して，それが 2 よりも大きいかどうかで有意かどうかを見ていたこともある．

既に回帰係数 b が

$$b = r_{xy}\frac{s_y}{s_x}$$

となることを述べたが，この式からも想像がつくように，この式と $s.e.(b)$ を (3) 式の t の定義式に代入すると，単回帰の回帰係数についての仮説 $H_0 : \beta = 0$ の検定と相関係数についての仮説 $H_0 : \rho = 0$ の検定は同等ということがわかる．つまり，単回帰の場合には，相関係数を検定して有意であれば，回帰係数も有意なので，相関係数だけ検定すればいい．

8.6 注意!! 相関分析，回帰分析には散布図が必須

このように回帰直線の説明力を示す決定係数が，相関係数の 2 乗となっていることからもわかるように，回帰分析は相関分析と深い関係があり，相関係数を用いるときと同様の注意が必要となってくる．すなわち，

① 散布図の形が，平均値線に対して対称に近いものであれば，相関係数はほとんど0になり，したがって，回帰直線を求めても，ほとんど説明力がないはずである。ところが，こうした場合，平均値線を境にして，データを二分して（これを層別ともいう）回帰分析を行うと，説明力のある回帰直線が得られるので，そうすべきである。
② 平均も相関係数も少数の外れ値，異常値に大きく影響を受けたように，回帰直線もまた少数の外れ値，異常値に大きく影響を受けるので，注意が要る。
③ したがって，相関係数が散布図など相関関係を視覚に訴える方法を補完するものであると考えた方がよいというのと同様に，回帰分析の際も，必ず散布図を描いてみる必要がある。

このうち②については，たとえば，第6章の表6.1の私鉄大手16社のデータに，

	従業員数	営業キロ （キロ）	駅　数 （駅）	在籍客車数 （両）	年間輸送人員 （千人）	旅客輸送人キロ （百万人キロ）	客車走行キロ （千キロ）
東日本旅客鉄道（JR東日本）	60,190	7,526.8	1,705	13,173	6,169,000	130,558	2,268,000

（出所）　JR東日本の「会社要覧2010」のホームページ。http://www.jreast.co.jp/youran/index.html

のJR東日本のデータ（従業員数のみ2010年4月1日現在の数字で，他は2010年3月末現在の数字）1行分も追加して，図8.6のような営業キロと駅数の散布図を描いて回帰直線を引いてみると，その激変ぶりに驚かされる。たった1点加わっただけなのに，回帰係数は0.498から0.2183に，回帰定数は25.914から75.279へと全く違った数字になってしまう。しかも決定係数は下がるどころか，0.9038から0.9854に跳ねあがるのである。言い換えれば，回帰分析全体が外れ値であるJR東日本1社でほとんど決まってしまうのである。表8.2のような相関係数行列を求めてみると，他の組合せでも同様の現象が起きており，JR東日本1社が加わるだけで，相関係数はどれも0.9を超え，ほぼ3分の2は0.99をも超えていることがわかる。回帰分析の趣旨からすれば，外れ値であるJR東日本は別に扱った方がいいことがわかる。

8.6　注意!! 相関分析，回帰分析には散布図が必須　　139

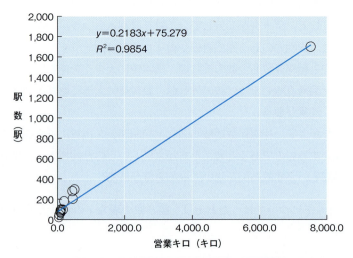

図 8.6　JR 東日本も入れた散布図と回帰直線

表 8.2　JR 東日本も入れた相関係数行列

	平　均	標　準偏　差	相関係数						
			従業員数	営業キロ（キロ）	駅　数（駅）	在籍客車数（両）	年間輸送人員（千人）	旅客輸送人キロ（百万人キロ）	客車走行キロ（千キロ）
従業員数	6,889	13,491	1.000	0.993***	0.993***	0.992***	0.959***	0.994***	0.996***
営業キロ（キロ）	611.6	1,734.6	0.993***	1.000	0.993***	0.984***	0.936***	0.991***	0.995***
駅　数（駅）	209	381	0.993***	0.993***	1.000	0.986***	0.938***	0.985***	0.993***
在籍客車数（両）	1,800	2,910	0.992***	0.984***	0.986***	1.000	0.997***	0.996***	0.997***
年間輸送人員（千人）	919,421	1,404,005	0.959***	0.936***	0.938***	0.977***	1.000	0.972***	0.960***
旅客輸送人キロ（百万人キロ）	14,623	29,302	0.994***	0.991***	0.985***	0.996***	0.972***	1.000	0.997***
客車走行キロ（千キロ）	270,958	505,511	0.996***	0.995***	0.993***	0.997***	0.96***	0.997***	1.000

$+p<0.1$；$^{*}p<0.05$；$^{**}p<0.01$；$^{***}p<0.001$

● 演習問題

1. 第6章の演習問題1の最新のデータにアップデートした表に，さらに最新のJR東日本のデータを加えて，図8.6の散布図と回帰直線，表8.2の相関係数行列を求めなさい。

2. 表8.1から相関係数と重相関係数を求めなさい。

付録 8-1　回帰係数の導出

$$Q(a,b) = \sum_i \left[y_i - (a+bx_i)\right]^2$$

とおき，微分の公式

$$\left[\{f(x)\}^n\right]' = n\{f(x)\}^{n-1}f'(x)$$

を使って，$Q(a, b)$ の a，b に関する偏導関数を 0 とおくと，

$$\frac{\partial Q(a,b)}{\partial a} = \sum_i 2(y_i - a - bx_i)(-1) = 0$$

$$\frac{\partial Q(a,b)}{\partial b} = \sum_i 2(y_i - a - bx_i)(-x_i) = 0$$

これを整理すると正規方程式（normal equation）と呼ばれる次の連立方程式が得られる。

正規方程式
$$\begin{cases} an + b\sum x_i = \sum y_i \\ a\sum x_i + b\sum x_i^2 = \sum x_i y_i \end{cases}$$

この連立方程式を解くには，第 1 式の両辺を n で割って得られる $a = \bar{y} - b\bar{x}$ を第 2 式に代入することによって

$$b = \frac{\sum x_i y_i - n\bar{x}\bar{y}}{\sum x_i^2 - n\bar{x}^2} = \frac{\sum(x_i - \bar{x})(y_i - \bar{y})}{\sum(x_i - \bar{x})^2}$$

付録8-2　2本の回帰直線の性質の証明

y の x への回帰直線と同様にして，x の y への回帰直線 $x = a' + b'y$ の回帰係数，回帰定数も次のように求められる。

$$b' = \frac{s_{xy}}{s_y^2} = r_{xy}\frac{s_x}{s_y}$$

$$a' = \bar{x} - b'\bar{y}$$

このようにして，2変数データ (x_1, y_1)，…，(x_n, y_n) については，どちらを説明変数にし，どちらを被説明変数にするかで，2本の回帰直線を引くことができる。この2本の回帰直線については，次の関係が成り立つ。

性質1　2本の回帰直線は点 $(\bar{x}, \bar{y})$ で交わる。

〈証明〉y の x への回帰直線 $y = a + bx$ に $a = \bar{y} - b\bar{x}$ を代入すると $y - \bar{y} = b(x - \bar{x})$ と書けることから，この回帰直線は点 $(\bar{x}, \bar{y})$ を通る。同様に，x の y への回帰直線は $x - \bar{x} = b'(y - \bar{y})$ と書けることから，この回帰直線も点 $(\bar{x}, \bar{y})$ を通る。

性質2　変数 x と変数 y の相関係数 r_{xy} の絶対値は，b と b' の絶対値の幾何平均となる。すなわち，$b'b = r_{xy}^2$

〈証明〉　$b'b = r_{xy}\dfrac{s_x}{s_y} \cdot r_{xy}\dfrac{s_y}{s_x} = r_{xy}^2$

この**性質2**から次の**性質3**がすぐに導かれる。

性質3　$r_{xy} = \pm 1$ のとき，$\dfrac{1}{b'} = b$ で2本の回帰直線は重なる。

これは**性質2**によらなくても明らかであろう。なぜなら，$r_{xy} = \pm 1$ のとき，すべての点は同一直線上にある（相関係数の**性質3**）わけだから，当然，その直線が回帰直線と重ならなければおかしいからである。

さらに，b と b' の式から

性質4 相関係数 r_{xy} と回帰係数 b と b' の符号は一致する。

〈証明〉 $r_{xy} = \dfrac{s_{xy}}{s_x s_y}$, $b = \dfrac{s_{xy}}{s_x^2}$, $b' = \dfrac{s_{xy}}{s_y^2}$

なので，r_{xy}, b, b' の符号は s_{xy} の符合と一致する。

この性質4から次の性質5がすぐに導かれる。

性質5 $r_{xy}=0$ のとき，$b=b'=0$ で2本の回帰直線はそれぞれ x 軸，y 軸に平行な直線となり，直交する。

性質6 $b'\neq 0$ のとき $\left|\dfrac{1}{b'}\right| \geq |b|$

〈証明〉 $0 \leq b'b = r_{xy}^2 \leq 1$ である。したがって，性質4から $b>0$ のとき $b'>0$ なので，$1/b' \geq b > 0$。$b<0$ のとき $b'<0$ であることから $1/b' \leq b < 0$。

第9章
より深い分析へ

9.1 エラボレイション

　さて，第5章ではクロス表の検定，第7章ではクロス表の相関係数，といった感じでクロス表の分析を説明してきたが，実はクロス表の分析は奥が深い。この章では，そうした奥の深さを感じさせるような分析事例をいくつか取り上げて紹介しよう。

　ここで取り上げる分析事例は，いずれも JPC 調査と呼ばれる調査をもとにしている。JPC 調査は，日本生産性本部（Japan Productivity Center；JPC）経営アカデミー『人間能力と組織開発』コース（1993 年度からは『組織革新』コースと改称）の参加者の所属企業を対象に年 1 回のペースで行ってきた「組織活性化のための従業員意識調査」の総称である。

　毎年の JPC 調査は，質問票調査前のヒアリング調査，質問票調査，フォローアップのヒアリング調査の 3 段階に分けて行われたが，ここでは第 2 段階の質問票調査の調査データを用いる。この第 2 段階では，第 1 段階のヒアリング対象者の所属する，もしくはそれに比較的近いホワイト・カラーの部門を選び，さらにその中において，1 つまたは複数の組織単位を選び，選ばれた組織単位の構成員に対する全数調査が行われた。調査方法としては，毎年 8 月 25 日から 9 月 8 日までの間のある水曜日に各社一斉に質問調査票が配布され，記入してもらった上で，翌週の月曜日までに回収するという留置法（第 11 章で説明する）による質問票調査である。1987 年〜2000 年に 13,350 枚の質問調査票が回収され，全体の回収率は

88.6%であった。

そのうち1991年の調査データを用いて行われた分析例，高橋伸夫『経営統計入門』（東京大学出版会，1992，pp.189–193）でも取り上げた例から始めよう。まずは，「組織活性化のための従業員意識調査」で調べた次の2つのYes-No形式の質問に対する回答のクロス表を作ってみよう。

> IV7. 指示が出されても，やり過ごしているうちに，立ち消えになることがある。
> VI7. 福利厚生面は充実している。

クロス表は表9.1のようになる。この2問の質問，常識的に考えてほとんど関係のない質問のように思えるのだが，驚いたことに，この両者の間には有意な負の相関，しかもクロス表としてはかなり大きめの相関係数で0.2を超える相関がある。実は，やり過ごしについての質問IV7と他の74の質問項目との相関をすべてとってみたが，このVI7の福利厚生との相関係数の大きさは，74問中2番目の大きさだったのである。

こうした他変数との比較と表9.1とをふまえれば，このクロス表の示唆する傾向は明らかである。つまり，指示のやり過ごしができないところでは福利厚生面が充実しているし，逆に，指示のやり過ごしができるところでは福利厚生面が充実していないというのである。

総数が885人もいると，χ^2検定は有意になりやすいのは確かだが，表

表9.1 指示のやり過ごしと福利厚生のクロス表

IV7. 指示やり過ごし可	VI7. 福利厚生面は充実		計
	1. Yes	2. No	
1. Yes	267 (45.6)	319 (54.4)	586
2. No	205 (68.6)	94 (31.4)	299
計	472	413	885

$r=-0.218$, $\chi^2=42.075^{***}$

9.1のクロス表を見ても，その傾向ははっきりしている．要するに，福利厚生面がしっかりしているところは，指示もしっかりしているということなのだが……．

こうした，どうも常識的に納得できない，根拠のはっきりしない調査結果が出た場合，これぞ事実発見と手放しで喜ぶのはまだ早い．だいたいは何か他に，よりもっともらしい理由があるもので，そうした常識的な可能性をしらみつぶしにしてみるまでは結論を出してはいけない．

そこで試しに，調査対象企業を公益事業関係とそれ以外の流通業などに分けた上で，別々にクロス表を作ってみると，表9.2のようになった．まだどちらのクロス表も有意な負の相関関係があるが，相関係数rは随分と小さくなった．つまり，指示のやり過ごしと福利厚生面での充実との相関は随分と小さくなっている．しかも，表9.2のクロス表をよく見ると，非公益事業では，指示のやり過ごしが多く，福利厚生面ではまだ充実していないということがわかる．それに対して，公益事業では，福利厚生面は充実しているし，指示のやり過ごしも非公益事業に比べれば少なくなっているということがわかる．

表9.1に見られる高い相関は，このように性質の異なる2群，公益事業と非公益事業とを合わせて集計したために出現したものと考えられそうである．常識的に考えてみると，巨大な設備や装置を管理運用している公益

表9.2 指示のやり過ごしと福利厚生のクロス表の分解

(A) 公益事業

IV7. 指示やり過ごし可	VI7. 福利厚生面は充実		計
	1. Yes	2. No	
1. Yes	223 (66.57)	112 (33.43)	335
2. No	187 (76.95)	56 (23.05)	243
計	410	168	578

$r=-0.113,\ \chi^2=7.371^{**}$

(B) 非公益事業

IV7. 指示やり過ごし可	VI7. 福利厚生面は充実		計
	1. Yes	2. No	
1. Yes	44 (17.53)	207 (82.47)	251
2. No	18 (32.14)	38 (67.86)	56
計	62	245	307

$r=-0.141,\ \chi^2=6.066^{*}$

事業で，指示のやり過ごしが少ないのは当然であるし，独占や地域独占を前提としている公益事業が福利厚生面を充実させる余裕があるというのもまた当然かもしれない。これとてまだ推測の域を出ないわけで，フォロー・アップ・ヒアリングや追試を必要としてはいるが，指示のやり過ごしと福利厚生という直接的には本来無関係なはずの変数が，実はともに企業の業種，業態，市場環境などとは密接に結び付いていそうだということは，この表9.2でも十分に示されているといえるだろう。

9.2 3重クロス表

いまの分析は，やり過ごしと福利厚生という2変数のクロス表に，さらに第3の変数として一種の「業種」を導入して行なったものである。このように，これまでに扱ってきたような2変数のクロス表に，さらに第3の変数を導入して，変数間の関係を明らかにしていく方法を一般に，エラボレイション（elaboration）と呼ぶ。より具体的にいえば，確認したいと思っている独立変数xと従属変数yとの間の関連を示すクロス表に，第3の変数tを導入して，3重クロス表を作成するのである。

このときの第3変数tのカテゴリー（t_1, t_2, ……）ごとに作られたxとyのクロス表の関連を層別相関（stratified correlation），または，条件相関（conditional correlation），分割相関（split correlation）と呼ぶが，この層別相関を調べることで，変数間の関係が明らかにされるのである。

それでは，表9.1，表9.2で示したようなケース，極端なときは，xとyとの間には相関が見られるのに，層別相関が全くない表9.3のようなケースは何を意味しているのだろうか。これには次の(a)と(b) 2つの可能性が考えられる。

(a) エクスプラネーション（explanation）

これは，第3の変数tがxとyに対する先行変数（antecedent variable）になっている場合である。図式化すれば，

表9.3　極端な架空例

(A) 業種A

IV7. 指示やり過ごし可	VI7. 福利厚生面は充実		計
	1. Yes	2. No	
1. Yes	81	9	90
2. No	9	1	10
計	90	10	100

$r=0$, $\chi^2=0$

+

(B) 業種B

IV7. 指示やり過ごし可	VI7. 福利厚生面は充実		計
	1. Yes	2. No	
1. Yes	1	9	10
2. No	9	81	90
計	10	90	100

$r=0$, $\chi^2=0$

=

(C) 全体

IV7. 指示やり過ごし可	VI7. 福利厚生面は充実		計
	1. Yes	2. No	
1. Yes	82	18	100
2. No	18	82	100
計	100	100	200

$r=0.64$, $\chi^2=81.92^{***}$

$$x \leftarrow t \rightarrow y$$

ということになり，疑似相関（spurious correlation）を説明することになる。疑似相関とは，xとyには因果関係が存在せず，実際，xを人為的に変化させてもyに変化は生じない。

さきほど（1）の例もこの疑似相関に相当する。つまり，「福利厚生を充実させると，指示のやり過ごしが減少するように見えるけれども，実は，これは大部分が，『業種』という先行変数があるための見かけ上の疑似相関であると説明される」のである。したがって，この調査結果から，指示のやり過ごしを減らすためには，福利厚生を充実させればよいのだと，短絡的に考える人がいれば（そんな人はいないと思うが），その人は見かけ上の疑似相関に惑わされて，真の因果関係を見過ごしたということになる。

しかし，このようなxとyとの間には相関が見られるのに，層別相関がない場合にはもう一つ別の次のような可能性も考えられるので注意がいる。

(b) インタープリテーション（interpretation）

これは，第3の変数tが，xとyとの間の媒介変数（intervening variable）になっている場合で，図式化すると次のようになる。

$$x \rightarrow t \rightarrow y$$

間接的な因果関係をより詳しく解釈したものである。しかしこの場合には，直接的には因果関係がないとはいえ，間接的には因果関係があるので，見かけだけの疑似相関とは異なる。

ただし，(a) のタイプになるか，(b) のタイプになるか，つまり因果関係の矢印の方向がどうなるかは，本来であれば，別時点でも調査とデータ収集を行い，時間的順序がはっきりしたデータを得てから，因果関係の矢印の方向を確認する必要がある。

最後に，(a) (b) とは逆のケースとして，次の (c) があるのであげておこう。

(c) スペシフィケーション (specification)
第 3 変数 t が独立変数 x と相関をもたないが，もとの x と y との相関が t_1 と t_2 とによって程度が異なっていることが発見される場合である。

極端な場合には，全体の単純相関は 0 であるが，それが実は，相反する方向の 2 つの層別相関の合成の表面的結果であったことを示している。つまり，疑似無相関 (spurious non-correlation) である。疑似無相関の場合には，全体では無相関であっても，実際には適当にグループ化，層別化 (stratification) を行うことで，各グループ内での相関を明確に示すことができる。

9.3 ぬるま湯感・活性化と成長性

エクスプラネーションの例として，高橋伸夫『日本企業の意思決定原理』(東京大学出版会，1997) の第 5 章で取り上げられた活性化とぬるま湯感の関係を挙げておこう。

実は，ぬるま湯感の発生は不活性状態の典型ではないということがわかっているのだが，1989 年の調査で，

表9.4　活性化とぬるま湯感の関係

Q1. 会社は活性化していると思う。	Q2. 職場の雰囲気を「ぬるま湯」だと感じることがある。		計
	Yes	No	
Yes	385	313	698
No	380	123	503
計	765	436	1201

$r = -0.209$, $\chi^2 = 52.56$, $p < 0.001$

> Q1. 会社は活性化していると思う。
> Q2. 職場の雰囲気を「ぬるま湯」だと感じることがある。

というYes-No形式の質問でより直接的にきいてみると，表9.4のようになった．つまり，両者の間には有意な負の相関があるのである．

ところが，このクロス表を調査対象となった会社A社～J社の10社の各社ごとに作った3重クロス表を作成してみると，表9.5のように，様子はかなり異なってくる．全体での相関係数-0.209よりも相関が強かった会社はH社，F社，そしてかろうじてA社の3社だけで，この3社についてだけ，ぬるま湯感と活性化との間に有意な相関関係がみられたが，他の7社については，10%水準でも有意な相関関係は見いだせなかった．特に，C社，G社，I社，J社については，ほとんど無相関といってもよい．

実は，こうした分析が行われる前に，ヒアリング調査と従業員対象の質問票調査により，10社は表9.5の左端で示されているように，「成長期」4社，「安定期」4社，「低迷期」2社の3グループに分類できることがわかっていた．つまり，活性化とぬるま湯感は，直接的には因果関係が存在しないにもかかわらず，成長性という先行変数があるために，見かけ上は疑似相関があると考えられるのである．

これは「成長性先行仮説」とも呼ばれ，(a) 成長期にある企業はぬるま湯感が低く抑えられていて，活性化された状態も比較的容易に達成される

表 9.5　会社別・活性化別のぬるま湯比率（%）

ヒアリングによる分類		Q 会社は活性化していると思う。		相関係数 r	χ^2
		Yes 群	No 群		
成長期	A	51.46　(103)	72.88　(59)	−0.210	7.132**
	B	54.00　(50)	66.67　(21)	−0.117	0.972
	C	52.29　(153)	45.83　(24)	0.044	0.346
	D	56.31　(103)	78.57　(14)	−0.147	2.524
安定期	E	58.75　(80)	70.83　(48)	−0.121	1.885
	F	46.77　(62)	76.19　(63)	−0.302	1.431**
	G	51.22　(41)	52.63　(57)	−0.014	0.019
	H	56.90　(58)	89.87　(79)	−0.381	9.891***
低迷期	I	77.78　(9)	87.50　(64)	−0.093	0.631
	J	76.92　(39)	83.78　(74)	−0.084	0.795

（　）内は%の基数。(* $p<0.05$; ** $p<0.01$; *** $p<0.01$)

のだが，(b) 企業が低成長もしくは低迷に陥ってしまえば，活性化された状態は失われやすく，ぬるま湯感も進みやすい。

　実際，表 9.5 をグラフ化すると図 9.1 のようになり，明らかに，成長期の企業は活性化していると答える比率が高く，ぬるま湯比率が低い。さらに，低迷期にある企業 2 社は，その逆となっている。成長期の 4 社，安定期の 4 社，低迷期の 2 社はそれぞれグループをなしていて，さらに，G 社を除いて回帰分析を行うと，決定係数 $R^2=0.8575$（G 社を含めたままだと $R^2=0.6121$ だが，G 社については後述）とほぼ線型の関係が見いだされる。

　以上のことから，表 9.4 は「活性化 → ぬるま湯感」または「活性化 ← ぬるま湯感」という関係があるように見えるが，しかし，表 9.5 によれば，実はこれは大部分が成長性という先行変数があるための疑似相関であって，

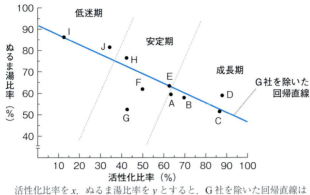

図9.1 活性化比率とぬるま湯比率

「活性化 ← 成長性 → ぬるま湯感」という関係があるのだということになる。したがって，成長期の企業は活性化していて低ぬるま湯感，低迷期の企業は活性化していなくて高ぬるま湯感という特徴を持ち，全体として総計すると，見かけ上，活性化とぬるま湯感の間に相関関係がみられると考えられるのである。

このように，ぬるま湯感と活性化という2変数に対して，成長性という第3の変数を導入して分析することが，前述のエラボレイションである。ここでは成長性を先行変数として導入し，ぬるま湯感と活性化の疑似相関を説明するので，エクスプラネーションともいえる。

疑似相関であるから，ぬるま湯感と活性化との間には，直接の因果関係は存在せず，ぬるま湯感を人為的に変化させても，直接的には活性化に変化は生じないはずである。そのことは実際にも確かめることができ，その良い例がG社だったのである。

G社は，1989年に社名を変更して，CIの真っ最中であり，その数年前から，実力主義による賃金，処遇の決定，新部門の設置や合理化の推進に伴う本社及び事業所の既存組織の改組などの組織の積極的な改革，改訂，

そして，広報機能の充実による企業イメージの向上といった様々な経営施策の展開，実施を行っている。そのために，ぬるま湯感が低下しているが，活性化については，今までのところ変化していない。そのことは図 9.1 によってはっきり示されている。安定期に分類された G 社は，回帰直線からは明らかに外れている。つまり，活性化については確かに安定期の水準にあるが，ぬるま湯感については成長期の企業と同水準になっているのである。したがって，他社の傾向と比較して，G 社は活性化についてはあまり変わらずに，ぬるま湯感だけが低下したことになる。

9.4 職務満足・退出願望と見通し

第 5 章の冒頭では，1992 年から 2000 年までの調査データを使って，

> Q3. 現在の職務に満足感を感じる。
> Q4. チャンスがあれば転職または独立したいと思う。

の 2 つの質問で，それぞれ職務満足と退出願望を調べて，クロス表，第 5 章の表 5.1 を作成したが，ここでも表 9.6 として再掲する。このクロス表

表 9.6 職務満足と退出願望

Q3. 現在職務に満足感	Q4. 機会があれば転職		計
	はい	いいえ	
はい	1606 (35.6%)	2900 (64.4%)	4506 (100.0%)
いいえ	2777 (61.0%)	1776 (39.9%)	4553 (100.0%)
計	4383 (48.4%)	4676 (51.6%)	9059 (100.0%)

$r = -0.2536$, $\chi^2 = 582.809$, $p < 0.001$

表 9.7 職務満足と退出願望と見通し指数の 3 重クロス表

見通し指数	退出願望	職務満足 Yes	職務満足 No	r	χ^2
0	Yes	87	649	−0.244	63.138
0	No	103	216		
1	Yes	274	939	−0.208	84.158
1	No	309	422		
2	Yes	420	734	−0.181	71.842
2	No	564	472		
3	Yes	372	358	−0.148	37.236
3	No	643	337		
4	Yes	295	148	−0.083	8.674
4	No	600	206		
5	Yes	130	33	−0.081	4.747
5	No	481	74		

から，職務満足と退出願望の間には明らかに負の相関関係があることがわかるが，実は，このクロス表もエクスプラネーションの例なのである。

確かに，このクロス表では，職務満足と退出願望の間には明らかに負の相関関係がある。ところが，これと見通し指数で 3 重クロス表を作ると，表 9.7 のようになるのである。見通し指数の各値で職務満足と退出願望のクロス表を作って比較してみると，見通し指数の値の小さいときの各クロス表は強い相関関係が認められるが，見通し指数の値が大きくなると，相関係数 r の値が小さくなる傾向がある（図 9.2）。つまり，見通し指数が大きくなるほど，現在の職務満足は退出願望に影響しなくなるのである。

ここで見通し指数とは，高橋伸夫『日本企業の意思決定原理』（東京大学出版会，1997）の第 2 章で，次の 5 つの質問項目の回答をダミー変数化した上で，これらの 5 問の合計点を「見通し指数」（perspective index）と定義されている。

9.4 職務満足・退出願望と見通し

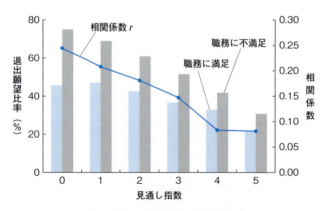

図 9.2　見通し指数・職務満足・退出願望（n=8866）

【見通し指数】
P1. 21 世紀の自分の会社のあるべき姿を認識している。（はい＝1；いいえ＝0）
P2. 日々の仕事を消化するだけになっている。（はい＝0；いいえ＝1）
P3. 上司から仕事上の目標をはっきり示されている。（はい＝1；いいえ＝0）
P4. 長期的展望に立った仕事というより，短期的な数字合わせになりがちである。（はい＝0；いいえ＝1）
P5. この会社にいて，自分の 10 年後の未来の姿にある程度期待がもてる。（はい＝1；いいえ＝0）

　定義から，見通し指数は 0 から 5 までの整数値をとることになる。この見通し指数の各値について，「見通し指数が 0 の人のグループ」「見通し指数が 1 の人のグループ」……「見通し指数が 5 の人のグループ」という 6 グループのそれぞれについて，職務満足と退出願望のクロス表を作成したのが表 9.7 だったのである（これ以降は，JPC 調査の 1992 年～2000 年のデータを使った高橋伸夫『虚妄の成果主義』（日経 BP 社，2004）の第 4 章にもとづいている）。

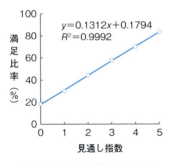
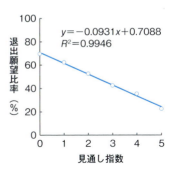

図9.3 見通し指数と満足比率（$n=8908$）　　図9.4 見通し指数と退出願望比率（$n=8886$）

　見通し指数が大きくなるほど，現在の職務満足は退出願望に影響しなくなるということは一見奇妙に思えるかもしれないが，たとえ現在，職務に対する不満があったとしても，その会社での未来への見通しさえ立っていれば，それに寄り掛かり傾斜した格好で現在を凌いで行こうという行動につながり，退出行動はおろか，退出願望にも至らないことを示している。見通し指数が大きければ，現在の職務満足は退出願望に影響しなくなるという表9.7と図9.2の関係は，見通し指数が高いほど，過去の実績や現在の損得勘定よりも，未来の実現への期待に寄り掛かって意思決定を行うという未来傾斜原理が機能しやすくなることを示している。

　実際，「見通し指数が0の人のグループ」「見通し指数が1の人のグループ」……「見通し指数が5の人のグループ」という6グループのそれぞれについて，質問Q3，Q4に対する「はい」比率をそれぞれ「満足比率」「退出願望比率」と定義すると，見通し指数との関係は，図9.3，図9.4のようになる。見通し指数が高くなるほど，満足比率が上がり，退出願望比率が低下するという，きれいな，ほぼ完全な線形の関係のあることがわかる。回帰直線を引いてみると，決定係数はそれぞれ，0.9992，0.9946という驚くべき高さであった。

　つまり，見通し指数が低ければ，満足比率が低く，退出願望比率が高い

が，見通し指数が高くなるにつれ，満足比率が高くなり，退出願望比率は低くなるという関係があるために，職務満足と退出願望の間には疑似相関が生まれる可能性がある。ただし，確かに，見通し指数が高くなると，現在の職務満足は退出願望に影響しなくなるが，見通し指数が低いときには職務満足が見通しを代替している可能性もあり，一概に疑似相関と断定するほどには単純ではない。

● 演習問題

1. 図9.1のG社が活性化を成功させるには何をすべきか，その方策を提案しなさい。

2. あなたは，従業員の定着率を上げるための方策を提案することを求められています。(1) 表9.6を使った提案を考えなさい。(2) 図9.2〜9.4を使った提案を考えなさい。

第10章
標本誤差と標本サイズ

10.1 絶対精度

第1章でも述べたように，標本誤差（sampling error）は標本抽出に伴う誤差であり，標本の抽出方法（sampling method）によっては，客観的に取り扱うことができる。具体的には，無作為抽出法（random sampling）を用いて標本抽出を行った場合に限り，確率を使って，客観的に評価することができる。これが統計的推測の理論である。

ただし，第1章でも述べたように，統計的推測は無作為抽出法を前提としている。無作為抽出法とは，くじ引きの原理で標本となる要素をランダムに（無作為に）選び出す方法で，これから説明するように，無作為に確率的に抽出する方法を用いると，母集団を構成する全要素について，それぞれが標本として抽出される確率が一定になるので，標本の性質から母集団の性質を客観的に評価することができるようになるし，精度は標本サイズを大きくすることで高められる。

無作為抽出法をとるとき，標本サイズ（sample size；日本語だと「標本数」と呼んでいた時期もある）は，標本誤差をどの程度に抑えたいかで決められるべきものである。標本調査の場合，誤差は，逆に精度という概念で管理の対象として考察される。標本調査において，そのようにして事前に決めた精度のことを目標精度と呼ぶ。

例として比率の推定を考えよう。序章の「5枚に1枚はプリズム・カード」のようなケースである。いま，サイズ m の母集団のうちA群である母

図10.1　母集団比率と標本比率

集団比率を π とする。5枚に1枚だと $\pi=0.2$ になる。この母集団から無作為抽出法によって，サイズ n の標本を抽出し，そのうちA群である標本比率を P としよう。無作為抽出を行っているので，標本比率 P は確率変数となる。たとえば，男性の比率を考えると，母集団の男性の比率 π が50％（=0.5）だとしても，くじ引きのように無作為に抽出しているわけだから，標本の男性の比率が必ず50％になるとは限らない。ある確率で，46％になったり，52％になったりするかもしれないというわけだ。

統計学では，標本サイズ n が大きくなると，標本平均 P の値（第5章付録5-2でも示したように，比率も平均の一種である）は，どんどん母平均 π の値に近づくという**大数の法則**（law of large number；「大数」は「たいすう」と読む）が知られている。では，どこまで標本サイズを大きくすればいいのか？

そのことを知る手掛かりとして，統計学では，**標本サイズ n が，ほぼ50を超える大きさ**であるならば，**中心極限定理**（central limit theorem）によって，標本比率 P は次の平均 $E(P)$，標準偏差 $S(P)$ の正規分布にしたがう確率変数となることが知られている。

$$E(P) = \pi$$
$$S(P) = \sqrt{\frac{m-n}{m-1} \cdot \frac{\pi(1-\pi)}{n}} \quad \cdots\cdots (1)$$

したがって，確率変数 P については，正規分布の性質（たとえば第3章

の図 3.5) から,
$$Pr(\{\pi - 1.96\ S(P) \leqq P \leqq \pi + 1.96\ S(P)\}) = 0.95$$
がいえることがわかっている。この式を変形すると
$$Pr(\{P - 1.96\ S(P) \leqq \pi \leqq P + 1.96\ S(P)\}) = 0.95$$
となる。つまり,母集団比率 π が標本比率 $P \pm 1.96\ S(P)$ 以内に収まる確率が 95% だということになる。言い換えれば,信頼度 95% で母集団比率を推定することができるのである。このとき区間 $[P - 1.96\ S(P),\ P + 1.96\ S(P)]$ は信頼係数(confidence coefficient)95% の P の信頼区間(confidence interval)と呼ばれる。

このように何度も登場する推定の誤差の絶対値

$$\varepsilon = 1.96\ S(P) \quad \cdots\cdots\ (2)$$

は絶対精度(absolute precision)と呼ばれる。ギリシャ文字 ε は「イプシロン」と読む。精度の高い調査あるいは推定とは,推定の幅の 1/2 に相当するこの ε の小さいものをいう(ただし,単に「精度」といった場合には,標本分散の逆数で定義されるので注意せよ)。このように,母集団の特性値がある一定の確率以上で収まる区間を求める推定法は,区間推定法(interval estimation)と呼ばれる。

10.2 目標精度と標本サイズ

標準偏差 $S(P)$ の式からもわかるように,必要な標本サイズ s は,目標精度 d に対して,$\varepsilon \leqq d$ となるような最小の標本サイズである。標本サイズ n が大きくなるほど $S(P)$ は小さくなり,したがって ε も小さくなるので,(1) 式を (2) 式に代入して,n について解くと

$$n = \frac{m}{\left(\dfrac{\varepsilon}{1.96}\right)^2 \dfrac{m-1}{\pi(1-\pi)} + 1} \quad \cdots\cdots\ (3)$$

表 10.1　目標精度と標本サイズ

(a) 目標精度 $d=0.05$（5%）のときに必要な標本サイズ（近似値）

母集団サイズ m	50	100	1,000	2,000	5,000	10,000	20,000	50,000	∞
必要な標本サイズ s	45	80	278	323	357	370	377	382	384

(b) 目標精度 $d=0.025$（2.5%）のときに必要な標本サイズ（近似値）

母集団サイズ m	50	100	1,000	2,000	5,000	10,000	20,000	50,000	∞
必要な標本サイズ s	49	94	607	870	1,176	1,332	1,427	1,492	1,537

s は，この (3) 式で $\varepsilon=d$ とおいて求めた n 以上の最小の整数である。

　一般に，母集団比率 π は未知なので，$\pi=0.5$ と仮定する。なぜならば，(3) 式の中の $\pi(1-\pi)$ は，$\pi=0.5$ のとき最大となり，したがって，$S(P)$ も最大になるので，$\pi=0.5$ と仮定しておけば，誤差を最大に見積もったことになるからである。目標精度を $d=0.05$（5%）程度にすることを考えると，必要な標本サイズ s は，(3) 式を用いれば，表 10.1 (a) のようになる。もし，目標精度を $d=0.025$（2.5%）に上げようとすると，表 10.1 (b) のようになる。

　表 10.1 の (a) と (b) を比較すると，精度を上げてその幅を 1/2 にするのには，標本サイズを約 4 倍にしなければならないことがわかる。

　一般に，目標精度 d を $1/k$ 倍にしようとすると，必要な標本サイズは約 k^2 倍になる。なぜなら (3) 式の分母に ε^2 があるからである。

　また調査の精度は，母集団の大小にほとんど関係なく，標本サイズの平方根にほぼ反比例する。したがって 50 人程度の母集団では，標本調査といっても，ほとんど全数調査が必要になる一方で，どんなに母集団が大きくても，目標精度が 5% ならば 400 人程度，目標精度が 2.5% でも 1,600 人程度の標本サイズがあれば，十分に目標を達成する。

10.3 絶対精度と仮説検定の関係

(1) 統計的に有意になるために必要な標本サイズ

ところで，標本サイズが400程度あれば，絶対精度を5%以下に抑えられるということは，逆にいえば，たとえば標本比率が56%であれば，母集団比率 π が50%である確率は5%（＝1－信頼係数）以下ということである。つまり，$H_0:\pi=0.5$ という仮説は，仮説検定を行えば棄却されることになる。より具体的にたとえるならば，ある母集団から400人を無作為抽出して得られた標本の男性比率を調べてみて，56%以上の比率だったら，母集団の男性比率が50%である確率は5%未満なので，母集団でも男性の方が多いと推測できるということである。

いい方を変えれば，5%程度の比率の差が統計的に有意になり，意味をもつように，標本サイズを決めてやっていることになる。このように，標本サイズが十分に大きくて，精度が十分に向上してくれば，もはやいちいち仮説検定に気を回す必要はない。たしかに，小さい標本サイズのデータを与えられているときには，仮説検定で母集団についての知識を検討・吟味する必要がある。しかし，十分な標本サイズを確保することができたならば，仮説検定が実際上必要ないほど，推定の精度を確保できたことになるのである。

このことは比率だけには限らない。こうした必要な標本サイズは2×2クロス表でも同様で，具体的に数値例で示すことができる。表10.1の母集団サイズが∞に対応した，(a)の右端は384人，(b)の右端は1,537人だが，各セルの度数を整数値にしなくてはならないので，標本サイズを偶数にして（その結果丸め誤差が生じる），384人で目標精度5%，1,538人で目標精度2.5%としてクロス表を作成すると表10.2のようになる。つまり，2×2クロス表でも，平均から5%ポイント多かったり少なかったりしていることが統計的に有意になるためには384人，2.5%ポイントであれば1,538人の標本サイズが必要になる。

このことは，標本サイズを大きくしていくことで，精度を高めることが

表 10.2 5% 水準で有意になるために必要な標本サイズ

(A) 目標精度 5%

x	y		計
	y_1	y_0	
x_1	106 (55.2%)	86 (44.8%)	192
x_0	86 (44.8%)	106 (55.2%)	192
計	192	192	384

$r=0.104$, $\chi^2=4.17^*$

(B) 目標精度 2.5%

x	y		計
	y_1	y_0	
x_1	404 (52.5%)	365 (47.5%)	769
x_0	365 (47.5%)	404 (52.5%)	769
計	769	769	1538

$r=0.051$, $\chi^2=3.96^*$

できるということでもある。数値例を表 10.3 に掲げておくが，標本サイズが 100 のときは，60% 対 40%（30/50 対 20/50），つまり 20% ポイントも離れていないと 5% 水準で有意ではないが，標本サイズが 12800 にもなると，50.875% 対 49.125%（3256/6400 対 3144/6400），つまりわずか 1.75% しか離れていなくても 5% 水準で有意になるのである。これが調査の精度という考え方であり，標本サイズを大きくすることで，母集団のわずかな傾向の違いでも，標本で検出することができるようになるのである。

(2) 「統計的に有意」と「相関が強い」は別の概念

第 7 章でも述べたが，無相関の状態からの乖離を表している χ^2 は，標本サイズ n が k 倍になれば，χ^2 も k 倍になる性質がある。つまりピアソンの χ^2 検定量は標本サイズ n に比例していくらでも大きく――いくらでも有意に――なりうるのである。経験的には，n が 400〜500 を超えるような標本サイズになると，多少なりとも相関のありそうな（つまり，相関係数が 0 ではない）クロス表はほとんど有意になってしまう。

こうしたクロス表の χ^2 検定は n が大きいと有意になりやすいという性質は，分析の際に十分知っておく必要がある。たとえば，表 10.4 のように，標本サイズが 200 のときには 10% 水準でも有意ではなかったクロス

表 10.3　5%水準で有意な様々な n の 2×2 クロス表

(A) $n=100$

x	y		計
	y_1	y_0	
x_1	30	20	50
x_0	20	30	50
計	50	50	100

$r=0.2$, $\chi^2=4^*$

(B) $n=200$

x	y		計
	y_1	y_0	
x_1	57	43	100
x_0	43	57	100
計	100	100	200

$r=0.14$, $\chi^2=3.92^*$

(C) $n=400$

x	y		計
	y_1	y_0	
x_1	110	90	200
x_0	90	110	200
計	200	200	400

$r=0.1$, $\chi^2=4^*$

(D) $n=800$

x	y		計
	y_1	y_0	
x_1	214	186	400
x_0	186	214	400
計	400	400	800

$r=0.07$, $\chi^2=3.92^*$

(E) $n=1600$

x	y		計
	y_1	y_0	
x_1	420	380	800
x_0	380	420	800
計	800	800	1600

$r=0.05$, $\chi^2=4^*$

(F) $n=3200$

x	y		計
	y_1	y_0	
x_1	828	772	1600
x_0	772	828	1600
計	1600	1600	3200

$r=0.035$, $\chi^2=3.92^*$

(G) $n=6400$

x	y		計
	y_1	y_0	
x_1	1640	1560	3200
x_0	1560	1640	3200
計	3200	3200	6400

$r=0.025$, $\chi^2=4^*$

(H) $n=12800$

x	y		計
	y_1	y_0	
x_1	3256	3144	6400
x_0	3144	3256	6400
計	6400	6400	12800

$r=0.0175$, $\chi^2=3.92^*$

表が，そのままの相対度数で（つまり，相関の大きさは同じ）標本サイズが 10 倍の 2000 になったとたん，1%水準でも有意になるのである。

しかし，このことをもってして，標本サイズ n の大きなクロス表の χ^2

表10.4　度数10倍で有意になるクロス表

(A) $n=200$ で10%水準でも有意ではない

質問Q1	質問Q2		計
	1. はい	2. いいえ	
1. はい	53	47	100
2. いいえ	47	53	100
計	100	100	200

$r=0.06$, $\chi^2=0.72$

(B) $n=2000$ で1%水準でも有意

質問Q1	質問Q2		計
	1. はい	2. いいえ	
1. はい	530	470	1000
2. いいえ	470	530	1000
計	1000	1000	2000

$r=0.06$, $\chi^2=7.2^{**}$

表10.5　5%水準で有意な様々な n の2×2クロス表

(A) $n=200$

x	y		計
	y_1	y_0	
x_1	57	43	100
x_0	43	57	100
計	100	100	200

$r=0.14$, $\chi^2=3.92^*$

(B) $n=2000$

x	y		計
	y_1	y_0	
x_1	522	478	1000
x_0	478	522	1000
計	1000	1000	2000

$r=0.044$, $\chi^2=3.872^*$

(C) $n=20000$

x	y		計
	y_1	y_0	
x_1	5070	4930	10000
x_0	4930	5070	10000
計	10000	10000	20000

$r=0.014$, $\chi^2=3.92^*$

検定は信用できないという人がいるが，これは全く逆で，正しくない。こうした見解は，検定，推定の考え方を理解しないままに，「χ^2検定で有意ならば相関が高い」と短絡的に考えている人，あるいは暗黙のうちに思い込んでいる人が陥りやすい誤解である。

　統計的に有意であるということは，標本誤差の範囲を超えているというだけの意味である。標本サイズが十分に大きければ，推定の精度が十分に向上しているのである。実際，表10.5（C）のように標本サイズが20000まで大きくなってしまうと，ほんのわずかな差でも，十分に有意となる。

　つまり，たとえば，標本で表10.5（C）のように $r=0.014$ なる弱い相関しか見出せなかった場合でも，「母集団では相関係数は0だったのでは

ないか」などと疑い，そしてその結果，検定してみる……というようなプロセスを踏む必要はもはやないのである。そのことを χ^2 検定の結果が教えてくれている。標本サイズ n の大きなクロス表の χ^2 検定は信用できないのではなく，標本サイズ n の大きなクロス表だからこそ，r の値は，かなりの精度で信用ができるのである。そのために，検定すること自体にあまり意味がなく，必要もなくなっているのである。

少なくとも，相関と有意確率は，まったく無関係ではないが，本質的に別の概念であるということは，理解しておかなくてはならない。標本サイズが十分に大きくて，調査の精度が十分に向上してくれば，もはやいちいち仮説検定に気を回す必要などない。これが統計学の基本的な考え方なのである。

通常，大学の統計学の講義や調査結果の分析で検定の話が強調されるのは，とりあえず目の前に調査データがぽんと置かれた段階から話を始めているからである。もし，調査を設計するところから話を始めるのであれば，こうした検定の話はほとんど無意味になってくる。そもそも検定などしなくても済むように調査設計をしておく，ということが，基本になるからである。これまでの議論から，調査にともなう誤差を考え，標本誤差（絶対誤差）を 5% 以内に抑えることをめざすのであれば，標本サイズとしては 400 程度（回収率 80% ならば 500 程度配布）確保し，きめの細かい管理をすることを考えるべきである。

10.4　大量のクロス表への対処の仕方

ところで，あまりに標本サイズが大きいと，ほとんどの関係が統計的に有意になってしまい，有意な関係をいちいち全部拾って調査レポートを書こうとすると，途方に暮れることになってしまう。その意味でも，標本サイズを 400 くらいにしておいた方が，統計資料のスクリーニングに「統計的に有意」が使えて実用的である。

変数の数が増えてくると，クロス表を 1 枚 1 枚見ていくのは大変な作業

になってくる。というよりも，非現実的な作業になってくる。過去に数十回行ってきた調査では，だいたい質問項目は 100 問前後であった。仮に 100 問すなわち 100 変数のデータであったとすると，総当り方式で作成するクロス表の数は，100×100＝10,000 枚。このうち，同じ変数同士のクロス表 100 枚は見る必要がないし，同じ変数の組み合せのクロス表が 2 枚ずつ含まれているので，これらはどちらか一方だけ見ればよいことにしても，なんと（10,000－100）/2＝4,950 枚，実に 5,000 枚近くも見なくてはならない計算になる。総当りで変数間の関係をつかんでおくことは，分析に際しては重要なことではあるのだが。

いまや，この程度の数のクロス表はパソコンでも SPSS や SAS といった統計パッケージを使えば，あっという間に計算してくれるし，高性能のプリンターであれば，すぐに結果が印刷物となって出力されてくる。ただ問題なのは，それを読む人間の能力の方に限界があるということなのである（限定された合理性を実感する瞬間）。

やってみればすぐにわかることだが，直感に訴える 2×2 クロス表でも 100 枚読むのは大変な作業である。一般の $s×t$ クロス表では 1 枚 1 枚のクロス表の解釈に時間がかかり，100 枚読むのは絶望的な作業になる。それが 5,000 枚だとか 1 万枚だとかになると，もう無理である。私の知る範囲で，これだけの量のクロス表の山を読みこなした人間は存在しない。だいたい用紙をめくるだけで，腕が筋肉痛になってしまう。内容を理解するなどもはや不可能である。

とはいえ，一般の人は 5,000 枚のクロス表だとか 1 万枚のクロス表だとか言ってもピンと来ないものである。目の前に積まれるまでは……。かつて，あるシンクタンクと共同で調査をしたことがあった。シンクタンクの担当者は，すべてのクロス表をチェックしたいと言い出した。私は何度も止めたのだが，

　「どうしても自分の目で全部のクロス表をチェックしてみたいんですよ。えぇ全部です。クロス表の紙をめくる腕が筋肉痛で動かなくなるくらいクロス表の山に埋もれて分析してみたい。だから，印刷して送ってくださいよ。お金は負担しますから。」

などと馬鹿なことを言うので，仕方なく，（当時はメインフレーム・コンピュータを使っていたので）高速のラインプリンタで全部出力・印刷し（これには大して時間はかからない），宅配便で担当者に発送してあげた．翌朝，担当者から電話がかかってきた．

「先生，今，私の机の横に，段ボール箱が3箱ほど積み上げられているのですが……．ええ，ええ，机の高さくらいはありますね．とりあえず，一番上の箱を開けたら，中にびっしりと紙が詰まっていて，1枚1枚の紙に表だとか数字や文字がびっしり印刷されているんですけど……．」

「それがご所望のものです．ラインプリンタで出力すると，用紙1ページに1枚のクロス表が印刷されるので，ラインプリンタ用紙の分量は大量になりますが，1ページには1枚しかクロス表が印刷されていないので，どうぞ腕が筋肉痛で動かなくなるくらいまで，ご堪能ください．」

「……．あの〜，腕も痛くなるのですが，10枚も見たら，もう最初に見た1枚目のことは忘れていて……．こんな調子だと，たとえ全部見終わったとしても，覚えているのは最後に見た10枚分くらいだけのような……．」

だったら1枚1枚見るたびにメモでも残しておけばいいではないか……と，普通の人であれば考えるだろう．では，どんなことをメモに残せばいいのか？

一般の $s \times t$ クロス表では，相関係数を見ただけでは正の相関か負の相関か，あるいはもっと別の傾向があるのかわからないし，そもそもクロス表の大きさで相関係数の"相場"も変わってきてしまうので，クロス表を1枚1枚読んでは，その傾向をコメントすなわち文章としてメモに残していかないと，後で自分がメモを読んだときに，わけがわからなくなってしまう．これは大変な作業量である．それと，やり始めるとすぐに当たり前のことに気がつくのだが，このメモは，「後で読むために」書き残しているのである．つまり，分析のためには，後で何度もコメントを読み直さなくてはならないのだ．クロス表5,000枚〜1万枚分も……である．

仮にA4用紙に40行入るとして，クロス表1枚分のコメントを無理やり1行に収める（普通は無理）ことにすると，A4版用紙100ページでようやくクロス表4,000枚分のコメントということになる。クロス表1万枚ならば250ページ，もう立派な本1冊分である。しかも何のストーリーもない……というか，読者が自分で（本当にストーリーがあるかどうかもわからないのに），ストーリーを探しながら，完結・独立した1行1行を読まなくてはならないのである。完成する保証のない1万ピースのジグソーパズル（ただし，パズルのピースは動かせないけど）。

要するに，メモを読む作業自体が絶望的なのである。ところが……。

自分で試行錯誤してやってみればすぐにわかることだが，2×2クロス表の場合には，状況が一変する。2×2クロス表の場合，人間はどんなことをメモに残すのか？　実は，相関係数と有意確率，余裕があれば標本サイズくらいをメモしておけば，ほとんどのクロス表では用が足りるのである。そこで，筆者は次のようなことをしてきた。

① できる限り，質問をYes-No形式に統一し，2×2クロス表で済むようにする。
② 2×2クロス表であれば，ϕ 係数または V 係数とピアソンの積率相関係数 r の絶対値は一致する。しかも，ピアソンの積率相関係数 r は正負がわかるので，クロス表をいちいち見なくても，相関係数によって大まかな関連がわかる。
③ クロス表を総当りで作成することはしないで，代わりに相関係数行列を作成する。その中で，特にクロス表として見る必要がある場合に限って，必要なクロス表のみをピックアップして1枚1枚作成，出力させる。

ちなみに，筆者がよく作成する15変数×15変数の相関係数行列表1枚で225枚のクロス表の要約が可能なので，さきほどの100変数のケースでも，相関係数行列表が20枚ちょっとでもあれば十分である。

10.5　有意水準の表現方法

　通常，コンピュータが，たとえば $p=0.0123456789$ と有意確率を計算してくれても，それをそのまま論文等に記載することはしない。実際，細かい数字を並べていても見難いだけなので，第6章の相関係数行列のところでも述べたが，一般的には，ある水準の確率より小さいかどうかだけを記号で表示することになる。そのときに，区切りのいいところで 5%，1%，0.1% といった確率がよく使われる。これを<u>有意水準</u>と呼んでいる。そして，たとえば，有意確率が $p=0.0123456789$ のときは，$p<0.05$（だが $p>0.01$）なので「有意水準 5% で有意」あるいは簡単に「5% 水準で有意」といういい方をする。

　2×2 クロス表の場合，一般的に有意水準と χ^2 の関係は次のようになっている。

　　†$p<0.1$　　（$\chi^2>2.70554$）　⬅　通常は"統計的に有意"とは扱わない
　　*$p<0.05$　　（$\chi^2>3.84146$）
　　**$p<0.01$　　（$\chi^2>6.63490$）
　　***$p<0.001$　（$\chi^2>10.8276$）

　記号*（「アステリスク」と読む）は，「$\chi^2=3.9^*$」「$\chi^2=6.7^{**}$」「$\chi^2=11.0^{***}$」のように右肩につけて有意水準を表すように用いられる。有意確率が 5% 以上でも，10% 未満であれば，記号†（「ダガー」と読む；+ で代用することもある）で「$\chi^2=2.5$†」のように表すことがあるが，一般に，統計学では「統計的に有意」とは扱われないので，注意がいる。あくまでも参考程度である。

　*にせよ†にせよ，もともとが論文等で「注」をつけるために用いられていた参照符記号で，こうした記号を有意水準を表すために使った場合には，

　　　　「†$p<0.1$, *$p<0.05$, **$p<0.01$, ***$p<0.001$.」

表 10.6　$n=200$ の様々な有意水準の 2×2 クロス表

(A) 5% 水準で有意

x	y		計
	y_1	y_0	
x_1	57	43	100
x_0	43	57	100
計	100	100	200

$r=0.14$, $\chi^2=3.92^{*}$

(B) 1% 水準で有意

x	y		計
	y_1	y_0	
x_1	60	40	100
x_0	40	60	100
計	100	100	200

$r=0.20$, $\chi^2=8^{**}$

(C) 0.1% 水準で有意

x	y		計
	y_1	y_0	
x_1	62	38	100
x_0	38	62	100
計	100	100	200

$r=0.24$, $\chi^2=11.52^{***}$

†$p<0.1$, *$p<0.05$, **$p<0.01$, ***$p<0.001$.

という「注」を表などに付しておく必要がある。

たとえば，第 7 章の表 7.4 で，$a=50$ のときは，

$b \geqq 6$ で　$\chi^2 \geqq 2.88$, 　$r \geqq 0.12$　のときは 10% 水準で有意

$b \geqq 7$ で　$\chi^2 \geqq 3.92$, 　$r \geqq 0.14$　のときは 5% 水準で有意

$b \geqq 10$ で　$\chi^2 \geqq 8$, 　　　$r \geqq 0.20$　のときは 1% 水準で有意

$b \geqq 12$ で　$\chi^2 \geqq 11.52$, $r \geqq 0.24$　のときは 0.1% 水準で有意

となる。すなわち，表 10.6 のようになる。

● 演習問題

1. 新聞や Web で報道されている世論調査を 5 つ取り上げ，標本抽出法の記述から，絶対精度がどの程度かを評価しなさい。また，その記事の中で言及されている主要な傾向を検定しなさい。

第11章 非標本誤差と回収率

11.1 非標本誤差

(1) 標本誤差と非標本誤差

標本誤差については既に第10章で取り上げたが，調査にともなう誤差には，表11.1に示すように，これとは別に非標本誤差と呼ばれるものもある。

非標本誤差（non-sampling error）は，全数調査でも標本調査でも生じる調査過程での誤差であり，これについて客観的に評価することは難しい。統計学理論では標本誤差については，かなり詳細な吟味が行われるが，非標本誤差については，なおざりの感がある。しかし，現実に行われる通常の調査では，非標本誤差の存在とその大きさは，かなり深刻な問題となっている。ここでは，明確に選択肢を用意した質問だけを対象に非標本誤差について考えてみよう。自由回答欄を用いた調査は，統計調査としては論外である。

非標本誤差としては次の3つが考えられる。

① 単純ミス：調査員，回答者による数字や記号のつけ間違いや集計上の転記ミス，データ・エントリー・ミス，計算ミス。
② 回答の偏り：回答者が意識的・無意識的に偏った回答をするような場合に生じる偏り。
③ 無回答の誤差：調査もれや回収率が低いことにともなう無回答の誤差・偏り。

表 11.1　調査にともなう誤差

	発生する 調査の種類	誤差の 発生原因	評価の方法
標本誤差	標本調査	標本抽出	無作為抽出ならば，統計的推測によって客観的に評価できる
非標本誤差	全数調査 標本調査	調査過程	客観的に評価することは困難

(2)　単純ミスの原因

　非標本誤差のうち①の単純ミスについては，たとえば，できるだけ質問の回答の形式を統一しておいたり，想定外の回答の処理や欠損値の指定を厳密かつ周到にしておくことで，転記ミスやデータ・エントリー・ミスの誘発を抑えることができる。もっとも，状況に応じては「数字の書き方の手本」のようなものを用意して回答者に注意を喚起しないと，たとえば「1」と「7」の区別がつかなかったりすることがあるかもしれない。

　ただし，データ・エントリー・ミスはいわゆる 2 度打ちでほぼ完全に回避できるし，計算ミスはたとえば SPSS や SAS のような既に広く普及しているコンピュータ用の一般的な統計パッケージを使えば，多数のユーザーが，パッケージ化されたプログラムを（つまり計算手順や計算式を）チェックしていることになるので，ほとんど心配ないといえる。

　とはいえ，単純ミスを完璧に防ぐことは不可能である。そこで，こうした単純ミスに対しては，調査の各段階で適切できめの細かい管理をすることで，ある程度ミスの発生を抑える努力をすることになる。そのためには調査の規模があまり大きくない方が管理がしやすいわけで，これが標本調査の最大の利点となっている。特にデータ入力，点検以後をできるだけ少人数で行うことによって，管理上の不手際から生じる単純ミスはかなり回避することができる。

(3) 「単純ミス」は奥が深い？——想定外の回答が意味する非標本誤差

ただし，質問票を用いたいわゆるアンケート調査では，事前にかなり入念なヒアリング調査等をして質問票を設計しておいても，いざ質問票調査を実施してみると，予想もしなかったような回答が返ってくることがある。たとえば，

> 質問例：次のうち該当するものに○をつけてください。
> 　　　　1．未婚　　2．既婚

比較的よく見かける質問だが，私もあまり疑問にも思わず，この質問を入れた質問票調査をやっていたことがある。ところがあるときに，第三の選択肢として「3．離婚」と勝手に手書きで書き加えて，それに○をつけてきた回答にぶつかった。なるほど，確かに離婚した人は未婚ではないが，既婚とも書きにくいだろうと，己の不明を恥じて，その翌年にはこの第三の選択肢を採用して加え，

> 質問例：次のうち該当するものに○をつけてください。
> 　　　　1．未婚　　2．既婚　　3．離婚

という質問に切り替えて，また調査を行なった。ところが，これはやぶへびであった。今度はなんと第四の選択肢として「4．再婚」「4．死別」「4．離婚2回目」などという勝手な書き込みまで次々と現れたのである。それも一人や二人ではない。もっともではあるが，この調子で選択肢を増やしていったらとめどもない話になってしまう。そこで一計を案じて「配偶者の有無」を聞く質問に切り替えようとしたら，調査対象企業の人事担当者に逆に質問されてしまった。

「なぜ法律上の配偶者にこだわるのですか？　実務の人間から言わせてもらうと，うちの会社の場合，法律上の配偶者だけではなく，内縁の妻・夫でも，扶養家族として扶養手当を支払ってしまうので，違いがないんですが……」

う〜ん。そこまでいわれて，よく考えてみたら，一体この質問で何を知りたかったのかもわからなくなってきてしまった。それ以来，私はもうこの

質問を使っていない。

　しかし，一番の問題は，質問の有効性ではないのである。実は，最初のバージョン，つまり選択肢が「1．未婚　2．既婚」の2つしかなかったとき，離婚，死別……だった人が，一体，どちらに○をつけていたのだろうかということである。さらにいえば，私の場合は自分でチェックしていたので気がついたが，データ・エントリーを丸投げしていた場合，入力する人が，手書きの第三の選択肢をどのように処理していたのかわからないということである。いずれも非標本誤差を生み出す①単純ミスになる。

　それは質問が悪かったからでしょう（笑），という反応が聞こえてきそうだが，実際には笑っていられないほど問題は深刻なのである。心理学分野に近い研究者がよく使う，下記のような5点尺度，いわゆる"リッカート・スケール"の場合でも，たとえば「2」と「3」の間に勝手に「2.5」を手書きして○をしたり，ひどいのになると，線を右側に勝手に延長して「6」と手書きして○をしたような冗談のような回答にもお目にかかったことがある。これはもはや質問文の不備では片付けられない。

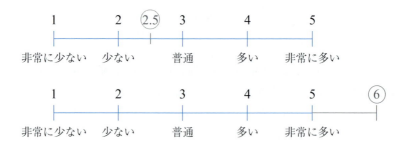

11.2　回収率で決まってくる非標本誤差

(1)　調査方法で決まってくる非標本誤差

　非標本誤差のうち，②回答の偏り，③無回答の誤差については，どのような調査方法をとるのかによって，そのおおよその大きさが決ってくる。質問調査票を使った調査方法としては，大きく分けて，表11.2のような

表11.2 調査方法の分類

	記入者	留置	配布	回収
面接調査法（interview survey）	他記式	×	調査員	調査員
面前記入法	自記式	×	調査員	調査員
配布回収法（留置（とめおき）法）	自記式	○	調査員	調査員
郵送回収法	自記式	○	郵便	調査員
郵送法（mail survey）	自記式	○	郵便	郵便

表11.3 調査方法の比較

	面接調査法・面前記入法	配布回収法・郵送回収法	郵送法
調査費用	高い（調査員の人件費）	それほど高くない	安い
調査票の配布回収に要する時間	調査対象の協力を得るまで3～5回の訪問が必要となり数週間かかることもある	1日～数日留め置く	催促を入れ1ヵ月程度（回収打切りで追加集計リスク）
回収率	高い（80％前後）	高い（80％以上）	低い（30％以下）
本人確認	確認できる	確認できない	
質問の意味の理解度	調査員が逐一説明できるので一様に高い	質問の意味を良く理解しないで回答することがありうる	
回答の偏り	避けられない		

方法が考えられる。

　表11.2の中にある他記式（または他計式ともいう）とは，調査員が調査票にしたがって質問し，それに対する調査対象の回答を調査員が調査票に記入する方式である。それに対して，自記式（または自計式ともいう）とは，調査対象が自分で調査票の質問を読みながら，自分で回答を調査票に記入する方式である。

　これらの調査方法の比較は表11.3のようになる。非標本誤差との関係で

は，回収率，回答の偏りに注意しながら，調査方法を選択する必要がある．

(2) 回答の偏りの原因
面接調査法・面前記入法で②の回答の偏りが生じる原因としては，次のようなものがある．

> (a) 調査員の性別，年齢，意見による影響
> (b) 調査員にプライバシーを明かすための偏り
> (c) 長い調査期間中の事件や出来事の影響
> (d) 質問の不備（無記入が生じやすい，あるいは，全く的はずれで事実上の無記入といってよいものが生じやすい）
> (e) 国語力，特に語彙力による影響（考えていることは同じなのに回答が異なる）

(a)，(b) は，主に回答者の匿名性が回答の際に保たれていないことによるもので，回答の際に，回答者が調査員を目の前にして，調査員の側でも誰が回答しているのかを認識しているような状況で生じやすい．

たとえば，調査員が主婦であるか，男子学生であるか，女子学生であるかによって，見栄や恥ずかしさから回答の傾向が異なってくることが十分に考えられる．こうしたものが面接調査法，面前記入法で生じやすい回答の偏りである．

また調査員が口にしなくても，調査員の意見によっても影響を受けるかも知れない．たとえば「調査方式の比較研究」によると，「奇跡を信じるか？」という質問に対して，表 11.4 のように調査員の意見の影響が見られたといわれる．

(3) 回収率次第で結論が入れ替わる
ここで，非標本誤差のうち大きな部分を占める③無回答の誤差について，その大きさがどの程度のものになるのかを考えてみよう．

無回答の誤差は，調査もれや回収率が低いことにともなう無回答の誤差・偏りを指している．通常，図 11.1 に示されるように，調査では，母

表11.4 調査員の意見と回答

調査員の意見	回答		計
	奇跡を信じる	奇跡を信じない	
奇跡を信じる	25%	75%	119（100%）
奇跡を信じない	12%	88%	255（100%）

（出所） 杉山明子『社会調査の基本』（朝倉書店，1984, p.66）

図11.1 調査もれと回収率

集団のリストの不備，回答者不在のための脱落，回答拒否などによる調査もれを除いて，調査票が配布される。この配布された調査票の中の無回答がここでいう無回答である。そのうち，完全な無回答は，配布された調査票のうち回収不能だったものと，回収はしたが白紙だったものとに分けられる。こうした配布されたものの完全無回答であった調査票を除いた残りの部分，つまり回収されかつ一部または全部回答されている調査票数の，全配布数に占める割合を回収率（response-rate）と呼ぶ。

一般に，無回答の誤差が重大になるのは

(i) 調査票の回収率が低く，かつ
(ii) 無回答者（non-respondent）群の特性と回答者（respondent）群の特性とが著しく異なっている場合

である。(i) については，実際には，回収率の計算で「回収」側に算入さ

れている調査票の中にも質問によっては無回答が多く含まれている場合もあり，この「一部無回答」のために，見かけ上の回収率以上に質問ごとの有効回答率は低くなる．それだけ無回答の誤差は深刻である．また (ii) については，一般に，無回答者群に比べて回答者群の方が質問に対する肯定的な回答が多くなる傾向があること，また企業単位の調査では，大企業に比べて，中小企業の回収率はかなり低くなる傾向があることを十分考えておいた方がよいであろう．

　通常，郵送法の回収率はきわめて低い．表 11.3 の中の数字よりもさらに低く，10% そこそこのことも多い．郵送法で回収率が高いときには，むしろ，標本抽出の仕方や調査の仕方を疑ってみた方がよいといわれるほどである．某シンクタンクでは，郵送法での回収率の低さを緩和するために，過去にアンケート調査に協力的だったお得意さんリストをもっていて，そこから任意に選んだ企業を混ぜ込むことで回収率を上げていたが，これは明白なる"違反行為"で，これをやってしまうと，もはや無作為抽出標本ではなくなってしまう．いずれにせよ，一般には，郵送法で収集されたデータは低回収率のため，無回答にともなう非標本誤差が大きすぎ，統計的推測はあてにならないので要注意である．

　また，日本では，職場の調査などで，10% とか 20% とかを無作為抽出すると回収率が低下することが多い．不思議なもので，職場全員が回答している場合には，気楽に本音で答えているのに，職場で 1 人〜2 人しか調査票が来ない場合には，疑心暗鬼になり，労働組合まで介入してきて，調査自体が中止に追い込まれるようなケースもある．

　さらに，一般にあまり認識されていないが，「はい/いいえ」択一の Yes-No 形式に比べて，5 点尺度，7 点尺度のような回答方法は，回答に何倍も時間がかかる．おそらく，A4 用紙で 1〜2 枚が限界で，それ以上になると，白紙が増えたり，途中で回答を放棄する人が増え，無回答が増える可能性が高い．そうなると回収率で見えている以上に，無回答の誤差が深刻になる場合もある．

(4) 無回答の誤差の大きさ

　こうした無回答の誤差がどの程度の大きさになるものなのか，いま例として，Yes-No 形式の質問を考えてみよう。調査結果で（すなわち回答者群で）60% が Yes だったとき，これだけ見ると過半数が Yes と答えたと言えそうである。しかし，本当にそうだろうか。この程度の Yes 比率では，実は無回答者群での Yes が 40% で，Yes 比率と No 比率とが逆転していた……というようなケースがよくあるのである。特定のテーマの調査に対しては，そのテーマに肯定的な人は回答に協力的だが，否定的な，あるいは嫌悪感をもっている人は，回答をめんどうがったり，拒否するという傾向があるので，むしろこの程度の両群の Yes 比率の差はごく普通に存在すると考えておいた方がよい。

　仮に有効回答率が 50% とすると，全調査対象の Yes 比率は，両者のちょうど中間の 50% だったことになる。つまり，
$$0.6 \times 0.5 + 0.4 \times 0.5 = 0.5$$
となる。もしも図 11.2 のように有効回答率が 20% ならば，
$$0.6 \times 0.2 + 0.4 \times 0.8 = 0.44$$
となってしまい，なんと実際の全調査対象では Yes 比率は過半数を割り，44% しかなかったことになるのである。回答者群だけを見たときの見かけの Yes 比率とは結論が逆転する。実は過半数が No だったのである。

　それでは，こうした考えをもう少し一般化して，このような Yes-No 形式の質問の無回答の誤差がどの程度の大きさになるのかを考えてみることにしよう。

全調査対象の Yes 比率

$$= \frac{\text{回答者群の Yes 者数} + \text{無回答者群の Yes 者数}}{\text{配布総数}}$$

$$= \frac{\text{回答者数} \times \text{回答者群の Yes 者数}}{\text{配布総数} \times \text{回答者数}} + \frac{\text{無回答者数} \times \text{無回答者群の Yes 者数}}{\text{配布総数} \times \text{無回答者数}}$$

$$= \text{有効回答率} \times \text{回答者群の Yes 比率} + (1 - \text{有効回答率}) \times \text{無回答者群の Yes 比率}$$

$$= \text{回答者群の Yes 比率} + [(1 - \text{有効回答率}) \times (\text{無回答者群の Yes 比率} - \text{回答者群の Yes 比率})]$$

……（1）

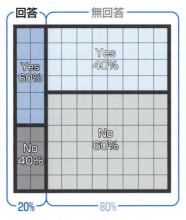

図 11.2　回収率が低いと逆の結果が出ることもある

ここで，

　　無回答の誤差 ＝ ｜全調査対象の Yes 比率 − 回答者群の Yes 比率｜
　　　　　　　　 ＝ ｜(1 − 有効回答率) × (無回答者群の Yes 比率
　　　　　　　　　　　− 回答者群の Yes 比率)｜

とすると，(1) 式の第 2 項 [　] 内の絶対値が「無回答の誤差」ということになる。無回答の誤差を実際に計算してみると，表 11.5 のようになる。要するに有効回答率が 10% や 20% では，救いようのないクズ・データだということになる。

そこでさきほどのように，たとえば，回答者群では Yes が 60% で過半数が Yes と見えていても，実は，無回答者群での Yes が 40% だった場合を考えてみよう。このとき，両群の Yes 比率の差は 20% になり，表 11.5 の 20% の列を見るとわかるように，有効回答率が 50% 未満のときには，無回答の誤差が 10% を超えるので，全調査対象（標本）の Yes は実は少数派だったという逆転現象が起こってしまう。

標本抽出にともなう標本誤差の目標精度を 5% 程度に抑えたいと考えているときには，非標本誤差もせめて同程度の 5% くらいには抑えておかな

表 11.5　無回答の誤差＝｜全調査対象の Yes 比率−回答者群の Yes 比率｜

有効回答率（%）	｜無回答者群の Yes 比率（%）−回答者群の Yes 比率（%）｜										
	0	10	20	30	40	50	60	70	80	90	100
100	0	0	0	0	0	0	0	0	0	0	0
90	0	1	2	3	4	5	6	7	8	9	10
80	0	2	4	6	8	10	12	14	16	18	20
70	0	3	6	9	12	15	18	21	24	27	30
60	0	4	8	12	16	20	24	28	32	36	40
50	0	5	10	15	20	25	30	35	40	45	50
40	0	6	12	18	24	30	36	42	48	54	60
30	0	7	14	21	28	35	42	49	56	63	70
20	0	8	16	24	32	40	48	56	64	72	80
10	0	9	18	27	36	45	54	63	72	81	90
0	0	10	20	30	40	50	60	70	80	90	100

■ 網掛けの部分は無回答の誤差が 5% 以下の組合せ。

いと意味がない。そしてこのときには，調査票の回収率（＞有効回答率）は 80% 以上を目標にする必要があることになる。さらに表 11.5 から，調査票の有効回答率が 90% 以上あれば，まず無回答の誤差は 5% で抑えられることもわかる（無回答者群・回答者群の Yes 比率（あるいは No 比率）が，たとえば 75% 対 25% と 50% も差があっても大丈夫）。

これまでの第 10 章・第 11 章の議論から，調査にともなう誤差を考えた調査設計のポイントは，シンプルに次のようにまとめられる。

> 標本誤差（絶対誤差）と非標本誤差をともに 5% 以内に抑えることをめざすのであれば，標本の大きさとしては 500 程度を無作為抽出し，できるだけ短期間に回収率 80% 以上をめざしたきめの細かい調査プロセス管理をするべきである。

● 演 習 問 題
1. 新聞や Web で報道されている調査を 5 つ取り上げ，母集団と回収率がどうなっているのか（あるいは記述されていないか）を調べなさい。

索 引

あ 行

アステリスク　106, 171

一元配置　74
一部無回答　180
一様分布　50
因果関係　101, 149～151
インタープリテーション　149

ウェイト　46
ウェルチの近似法　66

エクスプラネーション　148, 153, 155
エラボレイション　148, 153
円グラフ　31
演算　18

横断的調査　16
オープン・エンドの階級　33

か 行

回帰係数　131, 132, 137, 143
回帰式　129
回帰直線　iii, 129, 134, 143, 153, 154, 157
　──の傾き　132
回帰定数　131, 137, 143
回帰分析　129, 130, 138, 152
階級　30, 31, 33, 35～39, 49～51, 92
階級値　50
カイ2乗　84

会社の寿命30年説　24～26
回収率　145, 179, 180, 183
回答者の匿名性　178
回答の偏り　173, 176, 178
ガウス分布　53
カウント　71
　──（計数）　19
確率　14, 67
確率変数　42, 54, 66, 160
確率論　21
加減　19
加減乗除　19
加重平均　46, 47, 48
　──年数　42
仮説　4～6, 64～68, 73, 84, 86, 137, 138
仮説検定　5, 14, 167
活性化　150, 151, 153
カテゴリー　18, 19, 30, 33, 49, 78, 92
間隔尺度　18, 19, 112
関数関係　101
完全相関　83, 93, 117, 124
　正の──　79, 80, 93
　負の──　80, 93
観測　11
観測値　29
観測度数　87
関連　93
関連表・分割表　78

幾何分布　42
幾何平均　43, 58, 59, 97
棄却　5, 6, 85

185

疑似相関　149〜153, 158
疑似無相関　150
記述統計　35, 108
　　──学　12, 13, 28, 29
期待値　42, 64
期待度数　87
逆順　126, 127
共分散　104
近似線　iii, iv
近似直線　129

区間推定法　161
くじ引き　13, 159
クラマーのV係数　124
繰り返し調査　16, 17
クロス表　v, 77, 78, 87, 92, 101, 127,
　　146, 154, 156
　　──のχ^2検定　98, 167
　　──の検定　88, 115
　　──の相関係数　122
　　──の作り方　88
群間平方和　72, 73, 74
群内平方和　73, 74

計算ミス　174
系統抽出法　14
決定係数　130, 135, 137, 138, 152,
　　157
検索条件　70, 71
　　──範囲　70, 71
検定　v, 5, 85, 108, 167
原データ　12, 13, 15
ケンドールの順位相関係数　113,
　　126〜128
　　──タウa　126
　　──タウb　118, 127
ケンドールのτ　126

公益事業　147
国勢調査　11
誤差関数　53
誤差平方和　74
ゴセット　64
固定費　ii〜iv

さ　行

最小2乗法　129, 130
残差　130
残差2乗和　130
算術平均　43〜45, 47, 59, 96
散布図　99, 102

自記式　177
シグマ　43
自計式　177
時系列データ　17
実験　11
実験計画法　11
質的データ　18, 20, 30, 33, 78, 92,
　　93, 96
質問票調査　23, 145
四分積率相関係数　120
四分点相関係数　120
四分表　78
　　──に対するピアソンの相関係数
　　120
社会調査法　11, 13
尺度　13, 18
重回帰　130
自由回答欄　173
重心　44
重相関係数　130, 135
従属変数　129
自由度　65〜67, 70, 74, 76, 80, 87,
　　88, 98, 122, 123, 137
周辺度数　93

周辺分布　93
シュワルツの不等式　110
順位　19, 113
順位データ　109, 112, 126
順序尺度　18, 19, 112
条件相関　148
職務満足　154〜156
序数　18
人口センサス　11
信頼区間　161
信頼係数　161

推定　14, 161
　――の誤差　161
数理統計学　13, 21
スクリーニング　106, 108
スタージェスの経験公式　36
スタッフ管理職　45
ステューデントのt分布　64
スピアマンの順位相関係数　112, 113, 126

正規分布　53, 54, 56, 63, 64, 137
正規方程式　142
正規母集団　55
生産量　ii〜iv
正順　126, 127
成長性　151
成長性先行仮説　151
精度　159, 161
　――の高い調査　161
絶対誤差　167
絶対精度　161, 163
説明変数　129, 130
セル　78, 92
先行変数　148, 151〜153
全数調査　11〜13, 15, 29, 173, 174
全平方和　72, 73, 135, 137

相関　78, 83, 93, 101, 115, 129, 132
　――と有意確率　167
　正の――　93, 101, 103
　負の――　93, 101, 103
相関関係　101〜104, 147, 155
相関係数　v, 102〜106, 108, 117, 120, 125, 135, 137, 138, 147, 155, 169, 170
　――行列　105, 106, 109, 139, 170
　――の検定　105
　――の性質　110
相関表　78, 92
相関分析　138
操業度　iv
相対度数　30
相対度数分布　55
層別　40
　――化　150
　――相関　148〜150
総和　60
測定値　29
推定の精度　166
組織活性化のための従業員意識調査　77, 145, 146

た　行

退出願望　154〜156
　――比率　157
対数　38
大数の法則　160
代表値　43
ダガー　106, 171
他記式　177
他計式　177
ダミー変数　19
　――化　155
単回帰　130
単純ミス　173, 174, 176

索引　187

単峰型　20, 40, 43

中位数　45
中央値　45
中心極限定理　160
調査　11
　——の精度　164, 167
調査員の意見　178
調査過程　174
調査結果　12
調査設計　167
調査方法　12, 16
調査もれ　179

データ　12
　——の演算可能性　13
データ・エントリー・ミス　174
転記ミス　174
点相関係数　120

等間隔抽出法　14
統計資料　12, 13
統計ツール　i, vi
統計的推測　13, 159, 174
統計的に有意　5, 6, 84, 166, 171
統計パッケージ　v, 168, 174
同時度数　92
　——分布　78
同順位　126, 127
独立　85, 87, 94, 95
独立性のχ^2検定　87
独立変数　129
度数　29, 30
度数分布　52
度数分布表　30, 49
留置法　177

な　行

二重分類表　78

ぬるま湯感　150〜153

年平均脱落率　26, 27

は　行

媒介変数　149
配布回収法　177
外れ値　139
パネル　16, 17
パネル調査　16
判別式　110

ピアソン　85
　——のχ^2検定量　87, 123, 164
　——の積率相関係数　102, 113,
　　118, 120, 127, 128, 170
比較調査　16
ヒストグラム　30, 32, 33, 35
被説明変数　129
非標本誤差　15, 173, 174, 176, 178,
　　182
微分　142
ピボットテーブル　90
標準化　55
標準正規分布　55, 65
標準得点　55, 56
標準偏差　53, 55, 62, 105
表側　92
表頭　92
標本　6, 11, 12, 14, 16, 39, 43, 63, 85
　——の大きさ　15
　——の抽出方法　159
標本誤差　14, 15, 66〜68, 73, 74, 88,
　　159, 173, 174, 182

———の範囲　166
標本サイズ　63, 105, 116, 117, 124, 159, 160, 162～164, 166, 167, 170
　必要な———　161～163
標本抽出　159, 174
標本調査　11～14, 29, 159, 173, 174
標本比率　160, 161
標本分散　65, 66
標本分散比　67, 68
標本分布　66
標本平均　63～65, 160
比率　159
　———の差のt検定　98
　———の差の検定　97
比率尺度　18, 19, 112

不偏標本分散　64
不偏分散　64, 74
分割相関　148
分散　12, 29, 43, 52～54, 62, 63, 104
分散比のF検定　68, 69
分散分析　72, 74
　———表　74
群内平方和　72

平均　12, 29, 43, 46, 49, 52～55, 63, 105
平均値の差のt検定　68, 69, 97
平均値の差の検定　v, 63, 68, 69
平均平方和　74
平方和　52, 72, 74
　全体の———　76
偏差　44
偏差値　56
変数　29
変動　52
変動係数　53, 62
変動費　ii, iii, iv

棒グラフ　30～32, 35, 36, 52, 70
法人企業統計調査　16, 17
母集団　10～14, 16, 17, 39, 43, 55, 63～65, 68, 73, 87, 108, 159
母集団比率　159, 161
母集団分布　56, 63, 64
母分散　64, 65, 67, 68
母分散比　67
母平均　66

ま　行

満足比率　157

見通し　154
　———指数　155～157
未来傾斜原理　157

無回答の誤差　173, 176, 178, 181, 182
　———・偏り　178
無作為　5, 13
　———標本　108, 137
無作為抽出　85, 87, 160, 174, 180
　———標本　87
　———法　13, 14, 159
無相関　79, 80, 83, 84, 88, 94, 117, 124
無名数　62

名義尺度　18, 19, 123
メディアン　45, 52
面接調査法　177, 178
面前記入法　177, 178

目標精度　159, 161, 162, 182

や　行

やり過ごし　146

有意　106
有意確率　5, 65, 66, 68, 69, 76, 78, 84, 87, 88, 106, 170
有意水準　106, 108, 171
有効回答率　180
郵送回収法　177
郵送法　177, 180

要素　10, 14

ら　行

乱数さい　14
乱数表　13
ランダム　159

離散　20, 44, 50, 51
離散変数　20, 21
リッカート・スケール　19, 176
留置法　145
両側検定　65, 69
量的（定量的）データ　18
量的データ　20, 30, 31, 33, 35, 49, 78, 92, 93, 99

累積相対度数　33
累積度数　33
累積度数折れ線　33
累積度数多角形　33, 35
累積度数分布表　33

連続　20, 50, 51
連続変数　20, 21

欧字・ギリシャ文字

AVERAGE　69, 105
CHIDIST　88
CORREL　105
COUNTIFS　70, 71, 89

DEVSQ　76
Excel　i, ii, vi, 30, 59, 68〜70, 76, 88, 99, 105, 134
FDIST　76
FTEST　68, 69
F 検定　74, 75
F 値　76
F 統計量　67
F 分布　67, 74, 76
INTERCEPT　135
JPC 調査　145
k 群　72
　——の平均値の差の検定　72, 73
RSQ　135
$s×t$ クロス表　87, 88, 122, 168, 169
SAS　v, 68, 168, 174
SLOPE　135
SPSS　v, 68, 168, 174
SQRT　106
STDEVP　105
TDIST　106
TINV　70
TTEST　68, 69
t 検定　63, 75
t 値　138
t 分布　64, 65, 76, 98, 137
Yes-No 形式　170, 181
y 切片　131
z 得点　55

ε　161
Π　58
ρ　105, 138
Σ　60
τ　126
ϕ 係数　117, 118, 124, 128
χ^2　88, 115
　——検定　86, 146, 167

──検定量　116
──分布　87

数　字

1次変換　105
2×2クロス表　78, 87, 88, 127, 128, 168, 170
2群の平均値の差の検定　72
2値質的データ　19, 96
　──の分散　97
2本の回帰直線　132
3重クロス表　148, 151, 155
5点尺度　19, 20, 176, 180
7点尺度　19, 20, 180

著者紹介

高橋　伸夫（たかはし　のぶお）

1957 年　北海道小樽市に生まれる
1980 年　小樽商科大学商学部卒業
1984 年　筑波大学大学院社会工学研究科退学
同　年　東京大学教養学部助手
1987 年　東北大学経済学部助教授
1991 年　東京大学教養学部助教授
1994 年　東京大学経済学部助教授
現　在　東京大学大学院経済学研究科教授　学術博士（筑波大学）

主要著書

Design of Adaptive Organizations, Springer-Verlag, 1987（組織学会賞「高宮賞」受賞）
『ぬるま湯的経営の研究』（東洋経済新報社，1993 年）（経営科学文献賞受賞）
『日本企業の意思決定原理』（東京大学出版会，1997 年）
『鉄道経営と資金調達』（有斐閣，2000 年）（交通図書賞受賞）
『虚妄の成果主義』（日経 BP 社，2004 年）
『〈育てる経営〉の戦略』（講談社選書メチエ，2005 年）
『経営の再生 第 3 版』（有斐閣，2006 年）
『コア・テキスト 経営学入門』（新世社，2007 年）
『組織力』（ちくま新書，2010 年）
『殻』（ミネルヴァ書房，2013 年）

ライブラリ 経営学コア・テキスト=別巻 1
コア・テキスト経営統計学
2015 年 5 月 10 日 ©　　　　　　　初　版　発　行

著　者　高橋伸夫　　　　　発行者　木下敏孝
　　　　　　　　　　　　　　印刷者　小宮山恒敏

【発行】　　　　株式会社　新世社
〒151-0051　東京都渋谷区千駄ヶ谷1丁目3番25号
編集☎(03)5474-8818(代)　　サイエンスビル

【発売】　　　　株式会社　サイエンス社
〒151-0051　東京都渋谷区千駄ヶ谷1丁目3番25号
営業☎(03)5474-8500(代)　　振替　00170-7-2387
FAX☎(03)5474-8900

印刷・製本　小宮山印刷工業(株)
《検印省略》
本書の内容を無断で複写複製することは，著作者および
出版者の権利を侵害することがありますので，その場合
にはあらかじめ小社あて許諾をお求め下さい。

サイエンス社・新世社のホームページのご案内
http://www.saiensu.co.jp
ご意見・ご要望は
shin@saiensu.co.jp　まで。

ISBN978-4-88384-224-7
PRINTED IN JAPAN

ライブラリ 経営学コア・テキスト 1

コア・テキスト
経営学入門

高橋 伸夫 著
A5判／296頁／本体2,300円（税抜き）

身近なエピソードからはじめ，その後でその内容に即した様々な経営学説を解説する全く新しいスタイルの入門書。この一冊で，目の前のあらゆることが経営の問題として見えるようになり，自分の頭でその答を導き出す姿勢と作法が身につく。

【主要目次】
イントロダクション／個人の行動に影響を与えるもの／個人をめぐる物理的な制約と有効な協働／組織に参加することで選択が可能になる理由／組織の目的と参加者の満足／組織に共通しているもの／組織の中のコミュニケーション／組織が大きくなるとき／公式組織の生まれるとき／分業と専門化／人はなぜ働くのか／人はなぜ命令に従うのか／習慣と意思決定／連鎖する意思決定／経営者の仕事／顧客「想像」力の時代／違法行為でなければ何をやってもいいのか

発行　新世社　　　発売　サイエンス社

ライブラリ 経営学コア・テキスト 2

コア・テキスト
経営管理

高松朋史・具 承桓 著
A5判／320頁／本体2,800円（税抜き）

経営管理を学ぶには経営学のあらゆる分野の知識が必要である．本書では，それらを学ぶ前の土台づくりとして，経営管理の基礎的範囲の知識を養うことを目的としている．経営学を初めて学ぶ方にも分かりやすいよう出来るだけ平易な表現で解説し，全4部・14章構成として大学の半期授業にも対応させた．2色刷．

【主要目次】
近代企業の誕生と経営管理／経営管理の領域と発展／モチベーション／リーダーシップ／現場の管理／組織のデザインと変化／組織のパフォーマンスと組織文化／経営戦略／市場戦略／組織間関係と外部資源の管理／グローバル化と国際経営／情報技術とビジネスの進化／企業の社会活動とソーシャル・キャピタル／日本企業の経営管理の仕組みと特徴

発行　新世社　　　発売　サイエンス社

ライブラリ 経営学コア・テキスト 9

コア・テキスト
マーケティング

山本 晶 著
A5判／256頁／本体2,400円（税抜き）

本書は，学生の関心が高い科目の一つであるマーケティングについて，初学者が理解しやすいよう，事例を多く挙げ，やさしい文章で解説している．また，章末の演習問題によって，学んだ理論やモデルと現実の市場環境を，読者自身の身近な事例に結びつけ考えることができる．マーケティングのさまざまな領域を知り，より専門性の高い学習への一歩をすすめることができる一冊である．

【主要目次】
マーケティングとは／マーケティング戦略立案プロセス／競争地位別マーケティング戦略／さらなる市場機会の発見：ポジショニング・アプローチ／製品戦略／価格戦略／流通戦略／プロモーション戦略／ブランド戦略／消費者行動とマーケティング／マーケティング・リサーチと市場データ分析

発行 新世社　　発売 サイエンス社